体　　操

钟 利　欧国强　主编

科学出版社
北 京

内 容 简 介

本书分三篇，共 10 章，包括基础理论篇（体操基础理论概述、体操发展简史、体操比赛的组织与欣赏）、实践练习篇（队列队形练习、徒手体操练习、轻器械体操练习、器械体操练习、体操身体素质练习）和组织教学篇（体操课的组织与教学、体操教学中的保护与帮助）。本书结构简明、内容丰富、图文并茂、动作及表述规范，具有较强的实用性。

本书既适合作为体育教育专业人才培养用书，也适合社会体育指导与管理专业学生及体操爱好者学习使用。

图书在版编目(CIP)数据

体操 / 钟利，欧国强主编. —北京：科学出版社，2017.10（2023.8 重印）
ISBN 978-7-03-054656-2

Ⅰ.①体… Ⅱ.①钟… ②欧… Ⅲ.①体操-教材 Ⅳ. ①G83

中国版本图书馆 CIP 数据核字（2017）第 238323 号

责任编辑：张 展 李小锐 / 责任校对：韩雨舟
责任印制：罗 科 / 封面设计：墨创文化

科学出版社出版
北京东黄城根北街16号
邮政编码：100717
http://www.sciencep.com

成都锦瑞印刷有限责任公司印刷
科学出版社发行 各地新华书店经销

*

2017 年 10 月第 一 版 开本：787×1092 1/16
2023 年 8 月第四次印刷 印张：12
字数：277 000

定价：36.00 元

（如有印装质量问题，我社负责调换）

前 言

本书是根据教育部《全国普通高等学校体育教育本科专业课程方案》和《普通高等学校体育教育本科专业体操类课程教学指导纲要》的精神，结合《重庆文理学院体育教育(师范)专业人才培养方案》中培养应用型人才的要求编写而成的，是高等学校体育教育本科专业主干课教材。

在编写过程中，编写人员坚持“以人为本，健康第一”的指导思想，认真研究了近四十年来体育教育专业的《体操》教材，在尊重体操运动特性和传统教材的基础上，去除一些与其他课程内容重复和难度较大的动作内容，精选与基础教育改革相适应的经典内容，增补部分学校体操研究的新成果。全书分三篇，共10章，包括基础理论篇(体操基础理论概述、体操发展简史、体操比赛的组织与欣赏)、实践练习篇(队列队形练习、徒手体操练习、轻器械体操练习、器械体操练习、体操身体素质练习)和组织教学篇(体操课的组织与教学、体操教学中的保护与帮助)。

本书具有较强的实用性：编者结合多年体操教学及改革实践的经验，体现体操教学特色，明确体操教学任务，加强教材框架设计的逻辑递进，结构简明、内容丰富、图文并茂、动作及表述规范。同时，本教材注重学生综合能力的培养：以培养学生的创新思维能力和体现时代气息为主线，拓展教材培养学生自学、自练能力的功能，以促使学生对体操基础理论、技术动作和组织教学实践能力的合理整合。

本书由重庆文理学院体育学院钟利编写第一章至第八章，欧国强编写第九章和第十章，钟利负责全书统稿。

本书部分插图资料来源于人民体育出版社1999年重印的《体操》及广西师范大学出版社2000年7月出版的《体操》教材，部分图片由重庆文理学院体育学院学生刘国胜和石露拍摄，在此向原作者表示感谢。同时，本书的顺利出版得到科学出版社、重庆文理学院的帮助和支持，在此深表谢意。

面对体育教育专业体操教学改革的迅速发展，我们在借鉴、继承和探索中编写出版本书，不妥之处在所难免，恳请广大读者指正。

编 者

2017年10月

目　　录

基础理论篇

实践练习篇

组织教学篇

基础理论篇

第一章　体操基础理论概述

第一节　体 操 概 述

“体操”一词来源于古希腊语 Gymnastike(意为裸体进行的操练)，在公元前 6～前 5 世纪，古希腊人把锻炼身体的一切活动，诸如走、跑、跳、投掷、攀登、摔跤、舞蹈、骑马、军事游戏等统称为体操。体操是当时所有运动的总称，这一概念被沿用了较长时间。19 世纪，欧美各国相继涌现了一些新的运动项目，并建立起“体育是以身体活动为手段的教育”这一新概念。于是，在一个相当长的时间内，“体操”和“体育”两词相互混用。我国在 19 世纪中叶到 20 世纪初也以“体操”一词来指称近代体育，如当时学校的体育课被称为“体操课”，且一直沿用到 1922 年。19 世纪末到 20 世纪初，随着体育运动的发展，一些生理学家、医学家和体育学家对体育运动的本质和价值做了深入研究及科学分类，“体育”一词才逐步取代了“体操”，并被人们普遍认同和接受。体操也从这一时期起在内容、方法上区别于其他的身体运动形式，成为具有自身特点的、独立的运动项目。

一、体操的概念

随着社会的不断发展，体操的内涵在不断变化。体操的发展越来越两极化，一类是沿着竞技体操的方向发展，另一类是朝着以增强体质、发展能力为目的的各种非竞技性体操的方向发展。20 世纪 70 年代以后，这两个不同发展方向的体操体系显现出不同的局面。在提高运动技术水平、创造优异成绩、为国争光的任务中，我国的竞技体操多年来一直处于领先地位，是我国奥运争光计划的一个优势项目。然而在全民健身计划任务中，体操的功效和作用却没得到充分体现。20 世纪 50 年代，在学校和厂矿企业掀起的体操锻炼热潮已经不复存在。体操在当前的学校体育教育中被严重曲解，一些人甚至认为体操是危险的项目，部分学校甚至还拆除了单杠、双杠等体操器械，教学大纲和教材中的体操内容几乎成了摆设，教师们一面抱怨体操难以在学校中开展，一面又对学校中日常开展的体操活动熟视无睹，这都反映出人们对体操概念和内涵的理解存在着明显的偏见。

对概念做出科学的定义一直是理论研究的重要方向。对体操概念进行科学界定将有利于学科理论的完善和发展，有利于人们对体操内涵与外延的认识，更有利于指导具体的实践工作。对体操下定义需要透过现象去把握本质，也就是对体操现象做出理性认识。在对前人有关体操定义的总结和分析后，本教材对体操的定义是：体操是人们以徒手、持轻器械或在器械上，以非常态姿势表现身体控制能力的身体活动。它是学好其他运动项目的基础，对人的发展、综合素质的提高有非常明显的作用与功效。

二、体操的内容

体操从最早是体育的代名词发展到今天，其内容也随着社会的发展而不断变化。根据体操练习的特征以及对人体的主要影响，体操主要包括以下内容。

(一)队列队形练习

队列队形练习分为队列练习和队形练习两部分：队列练习包括原地动作和行进间动作；队形练习包括图形行进、队形变换、散开和靠拢等。队列队形是军事训练、体育教学、各种群体活动和表演的主要内容及必要形式，也是不可少的组织方法和手段。通过队列队形练习，练习者可形成身体的正确姿势，培养严格的组织纪律性和集体主义精神，养成迅速、准确、协调一致和令行禁止的良好作风。准确熟练地指挥队列队形是体育教师必备的专业技能。队列队形的高级表现形式是中国人民解放军阅兵式。

(二)徒手体操

徒手体操是根据人体各部位的特点，由举、摆、踢、振、蹲、屈、伸、跳跃、转体和绕环等一系列徒手动作构成。它以人体颈部、上肢、下肢、躯干等不同环节为主，同时将身体的其他环节作为辅助部分，进行专门的设计，从而以规定的姿势、方向、路线、幅度、频率和节奏进行练习。它是体操中最基本的练习：动作简单，不受场地和器材条件的限制，易于推广，具有广泛的群众性。广播体操和生产操是徒手体操的一种。练习者经常做操，可使四肢和躯干灵活，动作协调，对增强中枢神经系统机能、促进血液循环、加速新陈代谢、预防疾病、振奋精神，都有积极的作用。

(三)持轻器械体操

持轻器械体操是在徒手体操的基础上，通过手持体操棍、实心球、哑铃、跳绳、火棒、沙袋、小旗等轻器械进行的身体练习。在练习中，可以充分利用各种轻器械的特点，增加趣味性和娱乐性。它是各级各类学校体操教学与锻炼的重要内容，也是大众健身体操活动中富有观赏性的练习形式。少年儿童经常进行轻器械体操练习，可促进身体正常发育，发展力量，提高灵敏性、弹跳力和协调能力。

(四)器械体操

器械体操通常是指在单杠、双杠、吊环、鞍马、高低杠、平衡木、跳马及垫子上进行的单个动作、联合动作和成套动作练习。器械体操练习的特征：练习者在器械上，依靠外力和内力的相互作用，利用人体局部环节组成的生物链，并围绕器械轴或人体解剖轴，调整身体姿势，以完成日常生活中极为少见的、人为预先设计的单个或成套动作。它可提高练习者各器官功能，培养练习者刚毅、果断的品质。

（五）专门器械体操

为了能在竞技体操规则规定的体操器械上完成动作，人们设计出相对简单而又有利于完成动作的辅助器械，我们称之为专门器械，如肋木、爬杆、山羊、跳箱、跳桌等。它可增强体质，发展力量，提高韧带的灵敏性和悬垂、攀登等能力。

（六）健美操

健美操是体操运动体系的一个内容。它是把徒手体操、轻器械体操和舞蹈中的简单动作，根据练习者的身体特点，严格地按照发展身体各部位的要求，组编成套，在音乐伴奏下进行的练习。它是增进健康、培养正确的姿态、塑造美的形体、陶冶美的情操、提高有氧工作能力的一种群众性的健身手段。

（七）艺术体操

艺术体操是由徒手或持轻器械的各种舞蹈动作在音乐伴奏下进行的身体练习，是女子特有的、符合女子生理和心理特点的艺术性较强的体操项目。徒手练习是重要的基础，包括走、跑、跳、转体、波浪、平衡、摆动、绕环、屈伸、抛接器械和舞蹈等动作。轻器械有球、圈、绳、棒、带等。练习者通过艺术体操练习，可发展柔韧、协调、灵敏等身体素质，塑造健美的体态，培养节奏感，提高音乐素养和表现力，也是进行美育教育的一种手段。

（八）技巧运动

技巧运动包括滚动、滚翻、倒立、手翻、空翻、平衡、抛接、造型和舞蹈等类型动作，对发展力量、灵敏、柔韧、速度、空间定向，提高前庭分析器的功能以及培养顽强意志都有良好作用，也是各项器械体操的基本练习和其他项目的辅助练习内容。

（九）蹦床运动

蹦床运动是体操、跳水等运动的辅助性训练手段，也是竞技运动项目之一。通过蹦床练习，练习者可以发展弹跳力和灵敏性，训练身体的控制能力，有效地锻炼前庭分析器的功能，培养顽强拼搏的精神。1965 年举办的首届世界蹦床锦标赛，比赛项目有男子同步、女子同步、男子单跳、女子单跳、男子双人小蹦床和女子双人小蹦床。2000 年悉尼奥运会上将男、女单跳列为比赛项目。

（十）实用类体操

实用类体操包括攀登、爬越、负重搬运、越过障碍和撑杆爬墙等内容。这些练习，不仅可以锻炼身体、增强体质，还可让练习者掌握日常生活中所必需的基本技能，也是现代拓展练习的基础内容。

三、体操的分类

体操有着丰富的内涵，按照逻辑学原理和体操项目的特征及规律对体操进行分类，对指导体操理论与实践具有现实意义。18 世纪末，最早提出体操分类的是近代体育的倡导者、德国体育的先驱——古兹穆茨。此后，各国大都在此基础上结合自己国家的特点对体操进行分类。依据不同的属性和标准可以进行不同的分类，目前体操的分类主要有两种：一是根据体操动作内容的特性，可以将体操分为队列队形、徒手体操、持轻器械体操和器械体操四大类。二是根据体操的目的与任务，可以将体操分为非竞技性体操和竞技性体操两大类。

（一）非竞技性体操

非竞技性体操是以基本身体练习实现健身目的的体操。以增强体质、促进身体全面发展、培养人体基本活动能力及提高基本运动技能为目的的体操练习都属于非竞技性体操范畴。它包括队列队形、徒手体操、轻器械体操、器械体操的简易练习、专门器械体操和实用生活技能体操等，是各级各类学校体操教学内容的重要组成部分。

（二）竞技性体操

竞技性体操是以争夺锦标为目的，要求人体完成各类不同难度、体现美感的成套动作的体操。它包括竞技体操、技巧运动、竞技健美操、艺术体操和蹦床运动。这五个项目虽具有相对独立性，在我国体育院校的课程设置上也有各自独立的课程或专项，但在训练方法、表演方式、评分规则和技术特征等方面又具有很多共性。而且，体操的发展史等方面的相关知识都归属在体操课程中，其他派生项目只是介绍该项目的发展情况与技术特征等。

竞技性体操所属各项目均有各自独立的国际竞赛组织，特定的竞赛规程与评分规则，各自规范的竞赛场地与器材，相对独立的管理机构、官员、教练员、运动员、裁判员和专门的刊物等。这类体操运动呈现出早期专门化训练的特征：追求动作技术的“高、难、新、美、稳”，强调动作技术的创新，具有很强的艺术性和观赏性。

四、体操的特点

体操与其他运动项目相比，其特点可表现在以下方面。

（一）体操动作的特点

1. 动作内容丰富多彩

体操的动作内容是指依据人体解剖、生理学及人体运动生物力学原理所设计的动作。这种人为设计出来的动作，我们称之为体操的动作内容。人体解剖学告诉我们，人体是由多关节组成的。徒手体操动作的设计是以单关节运动为中心，配合屈、伸、外展、内收、绕、绕环、旋转等动作而成的，表现出动作内容多样性的特点。

2. 动作难度渐进性

从基本的走、跑、跳到徒手体操动作，从简单的滚翻动作到令人眼花缭乱的旋空翻动作，就其单个动作难度而言，每个动作都处于整个体操动作大系统中的某一位置上。每个动作的难度价值，一方面具有向上以至无穷发展的趋势；另一方面具有以向下的简单动作作为基础，体现出动作难度渐进性的特点。

3. 动作设计对称性

(1)徒手体操和持轻器械体操的动作节拍，都是以双数出现。例如，徒手体操的创编，通常情况是以 4 拍或 8 拍为一个循环。

(2)徒手体操和持轻器械体操动作的各关节运动的形式，多以左右对称出现。例如，踢腿运动，左踢腿 4 拍后，通常右腿也应进行 4 拍练习。这种左右对称练习，对身体有平衡发展的作用。

(3)器械体操动作通常是依据人体运动轴和身体部位与器械关系来设计的。它通常按照人体运动三个互相垂直的基本轴设计动作，多是以双手悬垂、双手同时或依次支撑、双脚同时或依次起跳完成的。

以上三个动作设计的特点决定了体操动作具有对称性的特点。

4. 动作技术要求规范性

能最合理、最有效地发挥人体机能能力并完成体操动作的方法，我们称之为体操动作技术。因而，每一动作都有其自身的技术规律，这种动作技术体现在技术的标准化中，如徒手体操中对“举”的要求就有严格的规定。此外，在竞技体操比赛中对每个动作都有严格的扣分标准，体现出了体操动作技术要求规范性的特点。

5. 动作表现艺术性

体操动作的艺术性，是在体操动作标准化和动作不断创新的基础上实现的。我们可通过练习者完成的动作，去感受体操动作的艺术美。例如，就一个简单的“站立”动作而言，要求练习者重心落在前脚掌上，肩部下沉，从而突出胸部和颈部的美好线条；要求腿部收紧腰部直立，以使姿态挺拔、仪态端庄，从中感受人体动作所表现出的艺术美。又如，“高、难、新、美、稳”是体操规则对一套动作的具体要求，人们在实现这一目标时所表现出的创造力和想象力使体操动作达到了艺术化的境界。优秀运动员在出神入化地演练动作的过程中，能使观赏者感到赏心悦目，同时使心灵得到美的陶冶。

6. 动作节奏多样性

通常在徒手体操和持轻器械体操中采用一拍一动、一拍两动和两拍一动的节奏进行练习。根据完成动作的需要，在完成一个动作中要求动静结合、快慢结合。将快速与静止有机结合，是体操动作节奏的特点之一。

(二)完成体操动作肌肉用力的特点

1. 肌肉运动感的可控制性

肌肉运动感是练习者完成动作时按照动作的技术要求，在人脑的控制下，人体各关节通过肌肉群收缩、放松，使人体的局部环节出现符合动作技术要求的姿势变化，并引起人体运动时的一种感觉。这种感觉的特点是，它反映的对象是练习者处于运动状态时内部肌肉活动的特性，而不是练习者用眼所能看得见、耳能听得清的外界事物的特性；

它是一种练习者只有通过完成动作，亲身去体验才能建立的感觉。针对肌肉运动感的这一特性，通常采用人体单关节运动的屈、伸、转、外展、内收等最原始的体操动作，提醒练习者有意识地去体验肌肉用力后的张力感、阻力感、持续感和松弛感以及关节运动的速度感和方向感。

2. 肌肉运动信息的多源性

完成体操运动要求练习者神经活动、心理活动与肌肉活动密切配合。由于竞技体操动作大部分是日常生活极为少见的人为性动作，因而要求体操运动员做动作时首先必须根据动作的技术要求，利用人体在器械上相互作用和人体姿势变化所产生力的作用，克服重力对人体的相对于器械运动的影响。此外，体操运动员还必须按动作技术要求，通过各关节部位的肌肉群协调一致地收缩和放松，使各局部环节做出相应变化，并以一定的顺序、节奏参与运动。这就表现出肌肉收缩放松时的张力感、阻力感、持续感和松弛感，以及随肌肉工作时出现的人体运动方向、运动速度、运动幅度、运动顺序和运动节奏等肌肉运动信息多源性的特征。这种多源性的特征，保证了运动员在体操器械上能上能下、能前能后、能左能右、能快能慢地变换位置，从而展现出体操各种各样的优美动作。

第二节　体操的功能

1. 促进练习者身体正常发育

对青少年骨骼生长发育的促进工作，可分为内部环境干预(例如增强营养)和外部环境干预(例如合理的体育锻炼)两种方式。进行体操练习，实质上是在进行人为设计的动作锻炼，因而体操练习形成的外部环境干预可具较强的针对性。因此，有针对性地选择体操内容和形式进行锻炼，能加快全身血液循环，使身体各器官的血液供应旺盛，使肌纤维变粗，肌肉强壮，骨骼的营养吸收充分，从而促进骨骼生长发育。另外，体操练习肌肉用力的特点，决定了它有利于神经系统的生长发育。因为运动中，肌肉活动是在神经系统直接指挥下进行的，肌肉有节奏地收缩和放松，也对神经系统产生良好的作用。由于神经系统与身体各组织、器官的联系加强了，因而改善和提高了彼此之间的协调能力。

2. 培养良好心理品质

器械体操练习是练习者完成日常生活中极为少见的、人为预先设计的单个或成套动作。在完成这种动作时，练习者要克服来自器械和动作难度带来的心理恐惧：如跳跃动作是通过助跑、踏跳以及两臂的推撑，在腾越器械过程中完成的，要求练习者必须在越过障碍(跳箱、跳马、山羊等)的过程中完成动作，因此具有培养练习者勇敢、顽强、自信的意志力和良好心理品质的功能；又如练习者在只有 10 cm 宽的平衡木上练习时，在提高练习者完成动作的准确性以及平衡能力的同时，亦可培养练习者沉着、冷静、勇敢、果断的意志品质。可见，器械体操练习具有培养练习者勇敢、顽强、自信的意志力和良好心理素质的功能。

3. 提高练习者的协调能力，改善练习者身体各器官

器械体操中的器械具有不同的性质特征，不同的器械练习可以有重点地发展练习者不同的身体素质和改善身体不同器官的功能。如单杠、高低杠的练习方式主要是靠两臂、肩带、腰背和髋关节的协调配合完成各种动作，因此经常从事单杠、高低杠练习，能发展上肢、肩带、腹背肌的力量和柔韧性，提高身体的协调性以及前庭分析器官的机能；又如练习者通过平衡木练习可以改善平衡器官的功能，提高平衡能力；再如通过完成滚翻、手翻、空翻等技巧动作，可以改善练习者神经系统、肌肉骨骼、内脏器官、前庭分析器的功能，提高练习者的协调能力。

4. 塑造练习者形体美

人体之所以是最美的，是因为没有一种线条、轮廓比人体的线条、轮廓更生动、柔和、富于变化和富有韵律美；没有一种体积、形态比人体的体积和形态起伏更匀称、有力，更有弹性和节奏感；没有一种色彩比人体的皮肤更鲜嫩、滋润、透明，更有光泽和更具生命的感觉。人体是美的，人体艺术是人体美的结晶。今天，由于人体美具有特殊的审美价值，除了雕塑、绘画外，人们已经在体操、游泳、滑冰等运动中，用各种不同的语言去表现、创造、赞美人体美。它不仅给人们带来艺术美的享受，而且也陶冶着人们的审美情操和艺术趣味。任何一个专项训练手段，对使身体形态向专项需要方向发展都有显著作用。几乎所有运动项目的运动员的身体形态训练，基本上都是通过专项训练方法手段实现的。体操的内容丰富多彩，可选择性强。练习者以正确合理的手段，对人体骨骼肌进行左右对称性练习，在指向性强的递进式练习中，有效地消耗多余脂肪，改善脊椎、肌肉的外形，改造人体及培养艺术型的气质。可见，体操具备使身体平衡发展，塑造练习者形体美的功能。

5. 提高练习者自我保护能力

自我保护是指练习者在练习和比赛中，遇到危险时利用自身条件，采取紧急措施，自救脱险的独立能力。由于体操教学和体操练习肌肉用力的特点，使练习者的肌肉控制能力、协调能力增强，学会了利用身体的惯性，顺势做屈臂、下蹲缓冲或团身滚翻，或改变动作的做法或身体的姿势等动作进行自我保护。这提高了练习者对身体控制的灵敏素质，当它们遇到危险时能够借助自身力量自救脱险，因此体操具有提高练习者自我保护的功能。

6. 满足练习者自我成就心理需求和高尚精神享受

体操就是在练习和比赛的过程，通过完美展现动作的过程、不断地完成难新动作的过程，使练习者真正领略到战胜各种困惑、磨难、心灵挫折和不利环境的喜悦，发现真实的自我，引导练习者充分发挥和发展个体的潜能。可见，体操提供了实现自我超越，完成品格修养的途径。

7. 具有各项运动的基础性功能

从体操对整个体育体系的贡献看，体操在几千年的发展过程中，为体育功能的扩展发挥了巨大作用，同时也为体育体系的完善做出了特有的贡献。正因为体操特有的功能，才奠定了其在体育体系中不可取代的地位。体操的基础性功能不仅体现在发展学生力量、柔韧、灵敏等素质上，更主要的是对人体前庭分析器的积极作用，这是其他项目所不能替代的。我国军事、航空、航天等领域的特殊人才，均对前庭分析器有较高的要求。由此可以说体操亦是培养国家特殊人才的基础。

第三节 体操的价值

1. 科学指导大众健身

体操之所以能够科学地指导健身，这是因为：第一，每一个人为设计的体操动作，都有专门的术语来表示，每一术语都在该学科中有严格的意义；第二，体操动作是依据解剖学原理，人为设计的符合人体运动规律的动作。其动作设计有理论视角和依据，而不是直接建立在感性经验与判断的基础上，因而是一种理性的设计。

2. 充分挖掘人的潜力

随着以奥林匹克为代表的体操的发展，现代科学技术——自然科学中的运动生物力学——强有力地介入体操动作设计领域，对整个体操动作的设计创新产生了越来越大的影响。体操通过设计符合人体运动生物力学原理和最合理、最有效地发挥人体机能能力的动作，以挖掘人在非常态下的潜力。

3. 积极促进强身健体

体操以练习者强身健体为本的价值取向，使练习者可以根据自己的需要，选择有针对性的动作，对每一肌肉群进行有针对性的练习。练习者也可以根据自己的体质状况，选择简单易学的动作，通过对运动强度、运动时间、运动频度的控制来调节运动负荷。此外，练习者还可选择在技术上有一定层次的难点动作，促使练习者不断追求技术完美，激发自我锻炼的积极性，达到健身目的。

4. 培养良好心理品质

练习者在器械上完成动作的过程，就是克服人为设计障碍的过程，这一过程能培养练习者良好的心理品质。此外练习者还可根据器械的性质特征选择不同的器械进行练习，培养不同的心理素质。例如，练习者在进行平衡木动作练习时，人体重心时刻在变化，支撑点也不断改变，因此对练习者控制身体平衡有较高的要求。通过平衡木的练习可以改善练习者平衡器官的功能，提高动作的准确性以及培养练习者沉着、冷静、勇敢、果断的意志品质。平衡木也是培养练习者具有正确思想方法和良好心理素质的有效项目之一。

5. 满足审美艺术需求

首先，按照体操动作技术标准化要求完成动作，既体现了运动解剖、人体运动生物力学上的要求，又体现了体操动作的难中求美、力中求美、新中求美、稳中求美等人体美学对姿态的要求。练习者通过体操动作的练习，从客观上对练习者进行了塑造，人体的形态、姿态和气质都会发生一定的变化。其次，观赏体操竞技场上的艺术编排、优美姿态、准确部位、明朗节奏、轻松动作和个人风格的表演，如单杠的惊险、平衡木的稳健、鞍马的潇洒、跳马的勇敢、高低杠的上下腾飞、吊环所表现出来的力量等，无处不体现出健与美的结合，智慧与创造的结晶。这既可满足人们审美意识的需求，同时亦陶冶着人们的审美情趣，提高着人们的审美能力。

第四节　体 操 术 语

体操术语是体操理论和技术的专门用语，它随着体操技术的发展而发展。其文字简练，且含有特定的信息，是传播和交流体操信息不可缺少的工具。

正确地运用体操术语，不仅有助于理解和掌握体操技术，提高教学与训练的效果，而且对于普及与提高体操运动、开展体操竞赛、促进体操科学研究、发展和丰富体操理论都有重要意义。

应用体操术语时有三个要求：一是正确，即要确切地说明动作的结构及其本质；二是简练，即语言和文字要简明精炼；三是易懂，即要使人容易理解。

目前，体操术语主要分为结构术语和命名术语两种类型。

一、体操的基本术语

(一)人体运动轴和器械轴

1. 人体运动轴

人体运动轴是为了更好地理解人体的旋转运动而假设的三个互相垂直的基本轴。

(1)纵轴：垂直轴，是通过身体重心上下的连线。围绕纵轴可完成各种转体动作，如原地跳转 180°，双杠向内、外转体 180°下等。

(2)横轴：额状轴，是通过身体重心左右的连线。围绕横轴可完成各种前、后翻的动作，如前、后滚翻，单杠支撑前翻下等。

(3)前后轴：矢状轴，是通过身体重心前后的连线。围绕前后轴可完成各种左右翻的动作，如侧手翻、侧空翻等。

(4)肩轴：通过两肩的连线，是一种特殊的横轴。

2. 器械轴

它是器械最长工作部分两端的中心连线。如单杠、双杠、高低杠杠面中心连线；平衡木面两端的中心连线；鞍马和跳马马面两端的连线；吊环两握点间的假设连线。

(二)动作方向术语

动作方向是指身体和身体某部位运动的方向，一般以人体直立时的基本方位来确定，有基本方向、中间方向和斜方向三种。

1. 基本方向

基本方向即前、后、左、右、上、下六个方向。左、右也称侧。方向是根据人体的水平面、额状面、矢状面而确定的。

2. 中间方向

中间方向即相邻两个基本方向之间 45°的方向。如“前”和“上”之间 45°的方向为

“前上”；“前”和“下”之间45°的方向为“前下”；同理还有“侧上”“侧下”“前侧”“后侧”“后上”“后下”等(图1-1)。

3. 斜方向

斜方向即相邻三个基本方向之间的方向。如“前”“侧”“上”三个基本方向之间的方向为“斜前上”；“前”“侧”“下”三个基本方向之间的方向为“斜前下”；同理还有“斜后上”“斜后下”等。

四肢的方向在任何情况下，是以它们与上体的关系来确定的，而不是按四肢与地面的关系来确定(图1-2)。

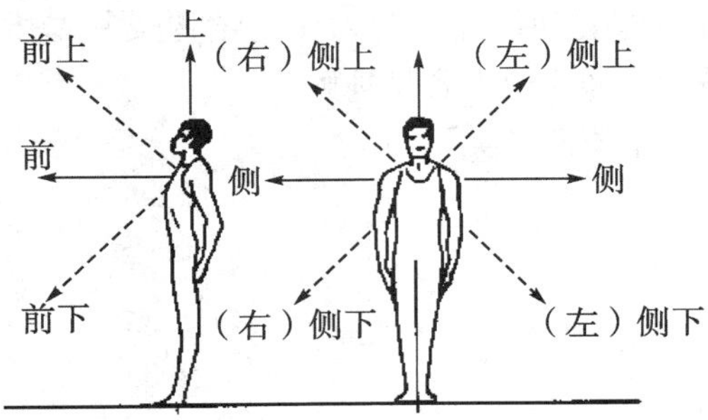

图1-1 中间方向

图1-2 四肢的方向

4. 人体各部位方向术语

(1)同侧、异侧：上、下肢动作开始的指向与做动作的上、下肢方向相同为“同侧”，反之为异侧。如鞍马单腿同侧全旋和异侧全旋。

(2)向内、向外：以人体各部位开始运动的基本方向为准，四肢向人体中线运动称向内，离开中线运动称向外；或胸向器械(或支点)方向的转体为“向内”，反之为“向外”。如双杠外侧坐向内转体180°成分腿坐。

5. 人对器械方向术语

(1)前、后、左、右：人对器械的方向称呼，以器械在人体的哪一方来确定。如器械在人体前面的为“前”；在后面的为“后”；在左边的为“左”；在右边的为“右”。

(2)正、侧：肩轴与器械轴平行的姿势为正，肩轴与器械轴垂直的姿势为侧。

(3)内、外：人体在双杠或高低杠的两杠之间为内，两杠之外为外。

下列图例说明了人对器械的方向术语。左正立(图1-3-1)、前正立(图1-3-2)、后正立(图1-3-3)、内正立(图1-3-4)、后侧立(图1-4-1)、内侧立(图1-4-2)、右侧立(图1-4-3)、前侧立(图1-4-4)。

(4)远、近：以人体与器械部位的距离来确定。靠近人体的部位为“近”，反之为“远”。如在双杠前正立时，靠近人体的一杠为近杠，远离的一杠为远杠。在鞍马前侧立时，靠近人体的一环为近环，远离的一环为远环。

(5)纵、横：人体前后轴与器械轴平行为纵，垂直为横。

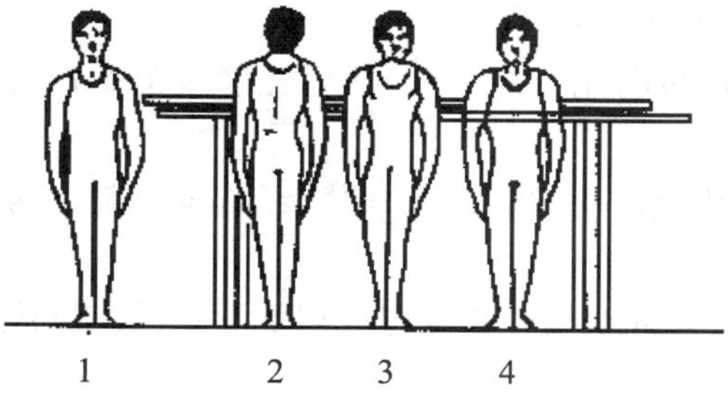

图 1-3 人对器械的方向(1)

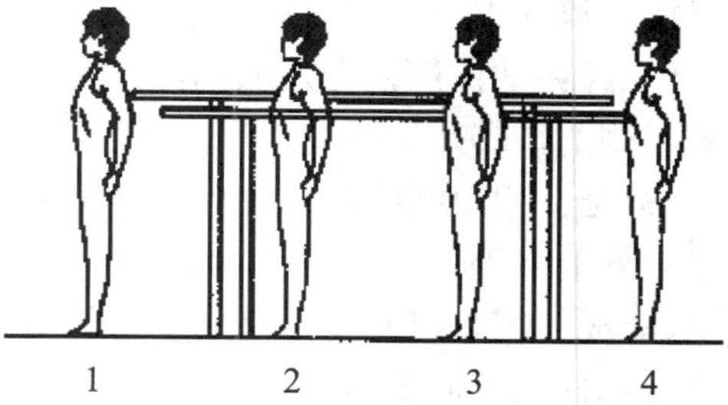

图 1-4 人对器械的方向(2)

（三）动作技术要领术语

(1)梗头：是指动作完成过程中头颈部紧张固定、正直、下颚内收，如单杠支撑后回环的梗头技术。

(2)低头：是指头部以环枕关节为轴做前屈技术，在做团身等动作时往往要求低头，如前滚翻。

(3)抬头：是指头部以环枕关节为轴做后屈技术，在做挺胸、身体后屈等动作时往往要求抬头，如技巧燕式平衡。

(4)顶肩：是指手在支撑及推离地面或器械时，肩胛骨外展或上回旋，用以加固、提高支撑位置及加大推撑力量的技术，如分腿腾越山羊时的顶肩推手。

(5)推手：是指在支撑过程中伸前臂肌群及屈臂肌群的短发性收缩，配以顶肩做推离支点的技术，如技巧前手翻的顶肩推手。

(6)跟肩：是指上体前跟，肩部向前加速移动的技术，如技巧地前滚翻直腿起的跟肩技术。

(7)含胸：是指两肩和胸内收，稳定和提高身体重心的技术。

(8)挺胸：是指肩背肌群收缩、胸廓扩展，防止身体前翻或使动作更富美感的技术。

(9)立腰：是指通过腰腹部肌群收缩，使脊柱充分伸直、立上体做短暂固定的紧腰技术。

(10)送髋：是指在下肢加速前摆运动过程中，骨盆后倾，使髋部向上远离支点的技术，如双杠挂臂屈伸上的送髋技术。

(11)提臀：是指髋关节前屈使臀部由较低位置上至较高位置的技术，如双杠的分腿慢起成肩倒立、技巧地分腿慢起成头手倒立的提臀技术。

（四）动作相互关系的术语

动作相互关系的术语是表达动作间联系的用词。

(1)同时：单个动作中身体不同部位要在同一时间内完成或两个动作必须在同一时间内完成用“同时”表示。如上体前屈同时左转；徒手操的左脚向侧一步同时两臂侧举；双杠的支撑前摆同时转体 180°下。

(2)依次：在单个动作中，身体某些部位有先后动作时用“依次”表示。如左右臂依次前绕环；做侧手翻时，两手依次落地成分腿倒立，两臂依次顶肩推地，两脚依次落地成分腿立；又如前滚翻时头、颈、背、腰、臀依次着地等。

(3)接：两个单个完整动作之间要求连续完成时用“接”连接起来。如技巧跪跳起接挺身跳；双杠支撑后摆接肩倒立；单杠支撑后回环接支撑后摆下等。

(4)经：动作过程中须强调经过某一指定部位时用“经”。如两臂经前至上举；两臂经侧至侧上举等。

(5)至：用以指明动作须到达的某一指定部位时用“至”。如两臂经前至上举；两臂经侧至侧上举等。

(6)成：用以指明动作完成之后的结束姿势，如双杠分腿慢起成肩倒立；前滚翻成分腿坐；单杠跳上成支撑等。

二、队列队形术语

(1)列：左右排成一条直线称为列，一般从右到左按高低顺序排列。

(2)路：前后重叠成一行称为路，一般从前到后按高低顺序排列。

(3)横队：按“列”组成的队形称为横队，一般横队的宽度大于纵深。

(4)纵队：按“路”组成的队形称为纵队，一般纵队的纵深大于宽度。

(5)翼：队伍的左右两端称为翼，左端为左翼，右端为右翼。多列行进变换方向时转弯内侧一翼为轴翼，另一侧为外翼。

(6)排头：位于纵队之首或横队右翼称为排头。

(7)排尾：位于纵队最后或横队左翼称为排尾。

(8)伍：两列或两列以上横队，前后排列成一行的学生称为伍。各伍人数与列数相等称为满伍，少于列数的称为缺伍。

(9)间隔：学生或成队彼此之间左右相距的间隙称为间隔。

(10)距离：学生或成队彼此之间前后相距的间隙称为距离。

(11)基准学生：指定作为看齐目标的学生称为基准学生。被指定作为看齐目标时基准学生应举手示意。

(12)队形宽度：两翼之间的横宽称为队形宽度。

(13)队形纵深：从第一列(或排头)到最后一列(排尾)的纵长称为队形纵深。

(14)步幅：一步的长度(前后脚跟之间的距离)称为步幅。

(15)步速：每分钟所行进的步数称为步速。

(16)口令：指挥员下达的口头命令称为口令，一般由“预令”和“动令”组成。

三、徒手体操术语

(1)立：两腿站立的姿势。如直立、并立、开立、点地立、提踵立等。

▶直立：与立正基本相同，但五指并拢伸直。

▶并立：与直立基本相同，但两脚尖并拢。

▶开立：两脚左右分开同肩宽。

▶点地立：一脚侧出脚尖点地，重心落在另一脚上。

▶提踵立：两脚跟提起的立。

(2)蹲：两膝并拢屈膝站立的姿势。大小腿夹角约 90°的蹲为半蹲；大小腿夹角小于

90°的蹲为全蹲；大小腿夹角小于45°的蹲称为深蹲。

(3)跪：屈膝以膝或(和)小腿前侧着地(或器械)的姿势。

(4)撑：手或手和身体其他部位同时着地的姿势，如俯撑、蹲撑、仰撑、侧撑、跪撑、分腿屈体立撑等。

(5)坐：以臀部和(或)大腿后侧着地(器械)的姿势，如直角坐、交叉屈腿坐、跪坐、双杠分腿坐等。

(6)卧：身体躺地或躺器械上的姿势，如仰卧、俯卧、侧卧、直角仰卧等。

(7)倾：身体偏离垂直面又不失去平衡的姿势，如右腿后弓步上体后倾等。

(8)举：四肢的移动范围不超过180°并停止在某一方位的动作，如前举、侧举、上举、侧上举、侧下举、斜前上举、斜前下举等。做前举、上举、后举及中间方向的举时，一般掌心相对；做侧举或侧下举时一般掌心向下。其他必须指明。

(9)绕：关节某环节做大于180°但小于360°的弧形动作，如两臂向后绕至前举等。

(10)绕环：身体某部位做等于或大于360°的圆形动作。

(11)摆：四肢在一平面内做匀速挥动并还原的动作。

(12)振：臂或躯干做快速用力的弹性动作，如臂上举后振等。

(13)踢：腿用力向各方位做加速有弹性的摆动动作，如前踢、后踢、侧踢等。

(14)屈：关节角度的缩小，如躯干前、后、侧屈；手臂胸前平屈、立屈等。

(15)伸：关节角度的扩展与伸直，如屈臂俯撑伸直成俯撑、伸腿等。

(16)倒：身体挺直向任何方向倒下的动作，如前倒成俯撑等。

(17)桥：身体尽量后屈背向地面，手(或前臂)与脚(或小腿)同时撑地(或器械上)成弓形的姿势，如分腿桥、前臂桥、跪桥等。

(18)弓步：两腿分开约一大步，一腿屈膝约90°，另一腿伸直、上体正直的姿势。有前、后、侧弓步之分。做弓步一般是全脚掌着地。

(19)平衡：指身体某(些)环节支撑地面并保持一定时间静止的姿势，如俯平衡、侧平衡等。

(20)劈腿：两腿分开成180°的姿势，如纵劈腿、横劈腿、半劈腿等。

(21)波浪：身体或身体某一部分邻近的关节按顺序做柔和屈伸的动作，如臂侧举波浪等。

四、器械体操、技巧和跳跃术语

(1)握法：手握体操器械的方法。

▶正握：虎口向内或向前握器械。

▶反握：虎口向外握器械。

▶正反握：一手正握，另一手反握器械。

▶扭臂握：前臂旋内，虎口向外握器械。

▶深握：以靠近掌根部腕关节处为主要着力点的握，通常在吊环上使用。

▶全握：五指并拢握器械的方法。通常在女子高低杠上使用。

▶从内握：掌心向外从双杠内侧握杠。

▶从外握：掌心向内，从双杠外侧握杠。

▶反扭握：一手反握，另一手扭臂握。

▶交叉握：两臂交叉握器械。

▶窄握：两手距离小于肩宽的握法。

▶宽握：两手距离明显大于肩宽的握法。

（2）**悬垂**：身体的某部位悬挂器械，肩轴低于器械轴并对支点产生拉力的一种静止姿势。

▶单纯悬垂：只用手或腿来接触器械的悬垂，如单杠悬垂、挂膝倒悬垂等。

▶混合悬垂：除手握器械外，还有身体其他部位接触器械或地面的悬垂，如左挂膝悬垂等。

（3）**支撑**：用手、臂或身体其他部位支撑器械或地面，肩轴高于或平于器械轴并对支点产生压力的一种静止姿势。

▶单纯支撑；只用手、臂撑在器械或地面，如双杠支撑、直角支撑、吊环十字支撑等。

▶混合支撑：手、臂和身体其他部位撑在器械或地面，如双杠挂臂分腿俯撑、单杠屈体立撑等。

（4）**倒立**：头在下、脚在上的一种垂直静止姿势，如手倒立、头手倒立、肩肘倒立、单臂倒立等。

（5）**摆动**：人体在器械上做钟摆式的运动，如悬垂摆动、支撑摆动等。

（6）**摆越**：腿在器械上或器械下越过的动作，如单杠支撑右腿摆越成骑撑。

（7）**摆荡**：身体和器械一同摆动的动作，如吊环或吊绳上的前后或左右摆荡。

（8）**滚动**：身体某些部分依次接触器械或地面但不经过头部翻转的弧形动作，如技巧团身、挺身滚动等。

（9）**滚翻**：身体某些部分依次接触器械或地面并经过头部的翻转动作，如技巧前滚翻、屈体后滚翻等。

（10）**手翻**：用手或手和头支撑并经过头部的翻转动作，如技巧侧手翻、头手翻、前手翻等。

（11）**空翻**：身体在腾空中，经过头的翻转动作，如技巧后空翻、双杠后空翻成支撑等。

（12）**转体**：绕身体纵轴转动的动作，如转体 90°、180°、360°等。

（13）**回环**：身体绕器械轴或握点连线做由支撑经悬垂再到支撑或由悬垂经支撑再回到悬垂的圆形转动动作，如单杠骑撑前回环，支撑后回环。

（14）**腾越**：用手推撑使身体腾起从器械上越过的动作，如分腿腾越山羊、单杠特卡切夫腾越等。

（15）**上**：以较低的部位到器械较高部位的动作，如单杠挂膝上、双杠挂臂屈伸上、挂臂前摆上等。

（16）**上法**：整套动作中按技术要求做的第一个动作或所有“上”的动作的总称。

（17）**下**：从器械较高的部位到较低的部位的动作，如单杠右骑撑左腿向前摆越同时转体 90°下，双杠支撑前摆直角下等。

（18）**下法**：整套动作中按技术要求做的最后一个离开器械的动作。

（19）**振浪**：通过髋关节的急速屈伸，使之加速摆动的一种技术，如前振浪等。

（20）**腹弹**：经腹部弹杠使身体后摆的动作。

五、体操术语的构成与运用

(一)体操动作术语的构成

按结构术语的要求体操动作术语一般由以下六个部分构成。

(1)开始姿势：如悬垂、支撑、站立、分腿坐、起跳、蹲撑、手倒立等。

(2)动作部位：如头、臂、腿、肩、躯干等，通常用于徒手体操术语的构成部分，器械体操和技巧动作术语一般可以省略。

(3)动作方向：如前、后、左、右、上、下等。

(4)动作形式：如团身、屈体、直体、分腿等。

(5)动作做法：如摆动、用力慢做、回环、转体、弧形、屈伸、滚动、滚翻、手翻、空翻等。

(6)结束姿势：如直立、半蹲、支撑、悬垂、肩倒立、手倒立等姿势。

(二)体操动作的记写方法

(1)完整记写法：根据结构术语记写的要求，详细、准确地说明具体动作。一般多用于编写比赛规定动作、测验动作、等级大纲、体育锻炼标准等。如一套双杠动作可记写为：挂臂屈伸上成分腿坐—分腿慢起成肩倒立—前滚翻成分腿坐—弹腿入杠后摆转体180°成分腿坐—后入杠前摆—支撑后摆下。

(2)缩写法：只简单记写动作的做法或动作名称，多用于编写教学大纲、教案，如动作名称简写“十字”“水平”“骑上”“屈伸上”“踺子小翻”等。

(3)图解法：用单个或连续草图说明动作。这种记写法的特点是简便、清楚、直观，一般多用于编写教案。

(三)运用体操动作术语时的几点要求

1. 可以省略的术语

(1)属于体操基本姿势的术语可以省略，如直臂、直腿、并腿、绷脚尖等。

(2)徒手体操动作记写中，路线较短时可以省略表明路线的术语，如“两臂侧举”，意思是两臂向外侧平举，在这里“向外”和“平”字可省略。如果经过的路线比较长时必须说明，如直臂由内向外绕至侧举。

(3)在记写器械体操动作时，“正”“正撑”“正握”在单杠、鞍马、吊环、平衡木上可以省略，只指出“侧”“后撑”“反握”等术语。但在双杠上则可省略“侧”“侧撑”“从内握”等术语，只指出“从外握”术语。在记写单杠、鞍马、吊环、平衡木上的“正撑”和双杠上的“侧撑”时一般都称为“支撑”。

(4)在鞍马各个不同位置上做双腿全旋时，“双腿”二字可以省略，若做单腿全旋则必须说明。

(5)单杠、鞍马、平衡木、高低杠由支撑开始做单、双腿向前摆越时，可以省略“向前”二字，其他情况应指明。

(6)做空翻和空翻转体动作时，团身空翻可以省略“团身”二字。

2. 开始姿势

开始姿势通常是在动作开始时加以说明。在记写动作时，要指明第一个动作的开始姿势，对下一个动作的开始姿势则不必指明，因为前一个动作的结束姿势就是下一个动作的开始姿势。

3. 动作方向

动作方向是由开始动作时与身体的方向来确定。例如，两臂上举时向前后方做绕或绕环称为向前绕或绕环；在做摆越、腾越、全旋等动作时其方向是由开始运动时身体与器械的方向确定的，如跳马(箱)时向右方做的斜进直角腾越称斜进向右直角腾越、鞍马支撑时顺时针方向做的全旋称向左全旋、后撑时顺时针做的全旋则称为向右全旋。

4. 动作结束姿势

必然的结束姿势一般可省略，如双杠挂臂屈伸上(成支撑)、单杠挂膝摆动上(成骑撑)、技巧前手翻(成直立)等。

(四)徒手体操的记写

1. 一拍动作的记写

记写的顺序一般是从左至右，从下而上(腿、上体、臂、头)，或下肢、上肢、躯干、头部和视线的顺序记写。在一拍动作中，各部位的动作是同时进行的，“同时”二字可以省略。不是同时进行的可按先后顺序记写。

2. 一节动作的记写

每节动作由若干拍组成，记写时，应先指出该节动作的名称，由几个八拍组成，然后按预备姿势和节拍的顺序记写动作内容，说明动作方向、路线、方法，最后一拍要指明结束姿势。

在记写一节动作时应该注意以下几点：

(1)当后一拍动作按原路线恢复到前一拍动作的结束姿势时，可用“还原”二字替代后一拍动作的详细记写。

(2)后若干拍与前若干拍动作完全相同只指出同前若干拍即可，如5～8同1～4。若是对称动作，后若干拍动作可以省略，只指出对称的部位或方向即可，如“唯两腿(臂)交换”；只是左、右方向对称改变时，可写成“但方向相反”。

以第九套广播体操第一节(伸展运动)为例记写如下：

第一节　伸展运动(4×8拍)(图1-5)

图1-5　伸展运动

预备姿势：直立

第一个 8 拍：

1— 左脚侧出与肩同宽，同时两臂侧举，头左转 90°。

2— 右脚并于左脚屈膝半蹲，同时两臂胸前立屈(拳心相对)，低头含胸。

3— 两腿伸直，同时两臂伸直至侧上举，抬头眼看前上方。

4— 两臂经侧还原成直立。

5~8 动作同 1~4，但方向相反。

第 2、3、4 个 8 拍：同第一个 8 拍。

练习要求：第 3、7 拍充分伸展，还原时经侧还原。

第二章　体操发展简史

第一节　中国体操发展简史

一、古代体操的发展

体操在中国有悠久历史，有大量的文物记载着体操的发生和发展过程。

在原始社会，人们用跑跳、投掷、打击、游水等手段，猎取生活资料，当取得胜利的时候，他们用欢呼、舞蹈来庆贺自己的劳动成果，表达自己的思想感情。在《诗序》上记载“情动于中，而形于言，言之不足，故嗟叹之，嗟叹之不足，故咏歌之，咏歌之不足，不知足之蹈之，手之舞之也”。中国汉字“舞”字的演变，开始时甲骨文写舞字，像人两手拿着树枝之类在舞蹈，又像人拿着火把在跳舞(后来体操中的轻器械有火棒操，这同古代当时舞蹈十分相似)，这说明在古代人的舞蹈活动中出现了体操运动的雏形。当人们在长期的劳动中，发现跑跳、投掷、游水、舞蹈不但可以用以获得生活资料，表达自己的欢畅感情，而且对身体锻炼、消除病痛等有积极作用时，体育运动(包括体操)便从劳动中逐步分离。《阴康氏》记载：“阴康氏之时，水渎不通，江不行其原，阴凝而易闷，人既郁于内，腠理滞著而多肿袿，得所以利其关节者，乃制为之舞，教人引舞以利导之，是谓大舞。”后来称阴康氏所发明的这种“大舞”为“消肿舞”。

随着社会生产力的发展，在奴隶社会末期，封建社会初期，也就是战国、西汉初期(公元前 4～前 2 世纪)，原始的体操运动逐渐分化为两个支系。一个支系属于强筋骨、防疾病的体操。其中较典型的是古代医学名著《内经》中的导引术，把肢体活动和呼吸活动作为健身、防病的方法。到了东汉末年，名医华佗在进一步总结前人导引经验基础上，模仿五种禽兽动作形象，编创了“五禽戏”。北宋时期的由“八段锦”“易筋经”等具有较大价值的健身体操整理而成的“内功图说”一直流传至今。另一支系是反映古代歌舞、戏剧、杂技和流传于民间的技巧运动。出土的西汉乐舞杂技陶俑中，就有手倒立、后手翻、后空翻等动作。唐宋以后，技巧运动已经发展有叠案倒立、绳索上倒立、燕濯、筋斗等动作，显示了一定水平。宋朝以后，技巧向多面发展。在内容、技术水平方面都有充实提高。宋朝的杂技就有鱼跃、燕式滚翻过圈子、过刀门等动作。到了清代，技巧动作技术水平更高。如《清稗类钞》上记载：“忽倒竖以两足捧坛直立，以两手履地，绕场而行，良久，忽作虎跳，横转如车轮，忽翻筋斗，起落如蚱蜢，久之，”可见技术上发展更成熟，动作更趋于复杂和形象化。除此，杠子功、皮条在清代有很大发展。在清代的庙会上表演的“单臂顶”“拳头顶”“全背顶”“童子拜观音”等动作，难度较大，说明中国古代杠子功已经具有非凡的技巧，并且具有中国民族的特殊风格。

二、近、现代体操的发展

1840年鸦片战争以后，西方的器械体操陆续传入我国，体操被运用到军事训练、学校教育、日常锻炼等活动中。首先传入我国的是德式体操的兵操和器械体操，随着洋务运动的发展与对日派出留学生的增多，继之而来的是日本化的德国和瑞典体操的传入，随着青年会活动的开展，美国式的德国和瑞典体操也在我国传播。1908年，上海成立了第一所体操学校，术科教学内容主要有徒手体操、轻器械体操、器械体操和垫上运动。同时，我国关于体操运动的译著和专著也相继问世。由于政治、经济条件的限制，以及抗日战争的影响，中华人民共和国成立前体操运动的发展十分缓慢，只有一些徒手体操、垫上运动、项目不全的器械体操和简易的器械体操在学校和社会上流传。

中华人民共和国成立后，体操得到蓬勃发展。1951年11月24日，国家体委公布了第一套成人广播体操。1953年3月1日，中央人民政府发出《关于在政府机关中开展工间操和其他体育运动的通知》。1954年、1955年先后公布了第一套少年和儿童广播体操。60多年来，我国已经推广23套适合各种不同人群锻炼的广播体操。广播体操的发展极大地推动了学校体育和群众体育的发展，对增强人民体质、促进身心健康和丰富人民文化生活具有深远的意义。此外，体育工作者还深入现场，根据不同工种的劳动特点，创编和推广了各种生产操，如钢铁工人操、纺织女工操、煤矿工人操等，对促进职工健康、提高生产效率起到了良好作用。1954年，教育部和国家体委联合颁发试行了《高等学校体育工作暂行规定》和《中小学体育暂行规定》，并视其为学校体育工作的指导性文件，促进了体操在学校体育中的开展。1995年，随着《全民健身计划纲要》的出台，许多健身、健心、健美、娱乐身心、陶冶情操的体操内容成为群众健身的手段。

我国的现代体操在大众健身体操蓬勃开展的同时，竞技体操的技术和运动成绩也不断提高，逐渐成为我国竞技体育的优势项目，为我国的竞技体育事业做出了贡献。

1953年，在北京举办了第一次全国田径、体操、自行车运动会，参加体操比赛的运动员共计67人，其中男运动员40人、女运动员27人，比赛规模小，项目不全，技术处于发展中。同年9月，苏联国家体操队来华访问表演，带来了当时体操的新技术，为我国体操的发展打下了基础。从1955年开始，我国的竞技体操进入快速发展期，每年都要举办全国性的体操比赛，运动员人数迅速增加，技术水平不断提高。1956年是我国体操发展史上十分重要的一年，这一年，中国体操协会成立并加入国际体操联合会，颁布了运动员技术等级制度。在天津举行的全国体操冠军赛上还审批了第一批体操运动健将(男、女各8名)，并培养了一批裁判员和教练员，为后来竞技体操的发展和走向世界奠定了基础。

1958年，我国运动员首次参加世界大型体操比赛，在第十四届世界体操锦标赛上，男队获得团体第11名，女队获得团体第7名。1962年，在第十五届世界体操锦标赛上，男队跃居团体第4名，女队获得团体第6名，于烈峰夺得男子鞍马第3名，五星红旗第一次在国际体操赛场上升起，标志着我国竞技体操进入世界水平。

1964年，由于国际体操联合会(简称“国际体联”)的原因，我国退出国际体操组织。1978年，国际体联中心恢复我国在国际体操联合会的合法地位。

1979年，第二十届世界体操锦标赛上，我国运动员重新站在国际体操赛场上，男队获得团体第5名，女队获得团体第4名，马燕红一鸣惊人夺得女子高低杠冠军，中华人民共和国国歌第一次在国际体操赛场上奏响，写下了中国体操历史新的篇章。

20世纪80年代，我国的竞技体操历经几代体操工作者的努力拼搏，终于跨进世界体操强国的行列，获得13个世界体操锦标赛冠军、6个奥运会冠军和10个世界杯赛冠军(其中一个并列)。1982年，李宁在第六届世界杯体操赛上一人独得全能和5个单项(自由体操、鞍马、吊环、跳马、单杠)冠军，开创体操史上在一届比赛中个人夺得金牌数最多的纪录。1983年，在第二十二届世界体操锦标赛上，我国体操队首次战胜强大的苏联队，荣登世界男子体操团体冠军的领奖台。

20世纪90年代，在体操赛制、规则等发生重大变化的情况下，我国体操界同心协力，再创辉煌，先后获得10个世界体操锦标赛冠军、3个奥运会冠军、2个世界杯赛冠军、5个世界杯总决赛冠军和2个世界杯单项冠军。男子体操队异军突起，先后夺得1995年世界体操锦标赛、1997年世界体操锦标赛、1998年世界杯总决赛、1999年世界体操锦标赛男子团体冠军，显示出雄厚的整体实力。

进入21世纪，我国体操持续稳定地保持世界领先水平，到2014年底，荣登体操世界冠军榜的运动员已达70人，共夺得61块金牌。其中，世界体操锦标赛金牌44块、奥运会金牌17块。在2000年悉尼奥运会上，男队首次获得奥运会冠军，实现体操界同仁多年的奥运夙愿。在2006年世界体操锦标赛上，女队首次获得团体冠军。在2008年北京奥运会上，男、女队双双获得奥运会团体冠军，并一举夺得9枚金牌，写下我国体操运动新的辉煌。

从我国的体操发展史可以看出，我国的竞技体操走过了一条坎坷的发展之路，在起点低、基础差的条件下起步，经过几代体操人的努力，已经发展成为举世公认的体操强国，拥有了一批以我国运动员名字命名的体操动作，为世界体操的发展做出了贡献。

[中国现代体操发展小知识] 中国体操第一

(1)第一次全国性体操比赛是于1953年10月2～7日在北京先农坛体育场举行的“全国田径、体操、自行车运动大会”。

(2)第一支国家体操队于1953年11月17日在天津市重庆道100号成立，共有21名运动员，其中男运动员11名、女运动员10名。

(3)中国队第一次参加的国际比赛是1955年8月在华沙举行的“第二届青年友谊运动会”。

(4)第一批体操运动健将(男8名、女8名)“诞生”于1956年。

(5)第一次参加的世界体操锦标赛是1958年7月在苏联莫斯科举行的第十四届世界体操锦标赛，中国男队获第11名，女队获第7名。

(6)第一位在大型国际体操比赛中获得单项冠军并奏响中国国歌的运动员是刘长胜，他在1960年社会主义国家友军体操锦标赛上获得跳马冠军，他就是20多年后黄力平、李小双、李大双在湖北队时的教练。

(7)第一位在世界体操锦标赛上获得单项铜牌并升起国旗的运动员是于烈峰，他在

1962 年第十五届世界体操锦标赛上获得鞍马并列第三名，并敲了中国独创的鞍马单环全旋动作。

(8)1954 年，宋子玉出任中国体操队第一任总教练。

(9)1957 年，吴蕴瑞出任中国体操协会第一任主席。

(10)第一位在国际体操联合会中任副主席的是张全德，任职期限为 1984～1988 年。

(11)第一位在国际比赛中获得金牌的是维吾尔族姑娘法吐梅(帕提古丽)。在 1974 年 9 月的第一届世界中学生运动会上，她一人独得全能、平衡木、跳马三块金牌。

(12)第一次全国体操比赛人数突破 600 人是在 1975 年第三届全国运动会上，当时参加比赛的男运动员有 298 人，女运动员有 323 人，共计 621 人。

(13)第一位体操世界冠军是马燕红。她于 1979 年在美国沃思堡举行的第二十届世界体操锦标赛上获得女子高低杠世界冠军，首次在世界体操锦标赛上奏响中国国歌。

(14)第一位世界冠军的教练员是周济川。

(15)第一位男子体操世界冠军是黄玉斌。他在 1980 年第五届世界杯比赛(在加拿大多伦多举行)中获得吊环世界冠军。

(16)第一位男子体操世界冠军的教练员是高健。

(17)中国男队第一次打败日本男队是在 1980 年美国哈特福德国际体操比赛上。

(18)第一次获得世界体操男子团体冠军是 1983 年在匈牙利布达佩斯举行的第二十二届世界体操锦标赛上。

(19)第一位率队夺取男子团体世界冠军的总教练是张健。

(20)第一位获得 6 枚世界体操比赛金牌的中国选手是李宁。他在 1982 年第六届世界杯赛(在萨格拉布举行)上一人独得全能、自由体操、鞍马、吊环、跳马、单杠 6 块金牌，创造了中国体操史上的奇迹，这在国际体操史上也是第一次。

(21)第一位在奥运会上一人独得 3 块金牌的运动员是李宁。他在 1984 年奥运会上获得了自由体操、鞍马、吊环三个项目的冠军。

(22)第一次在中国举行的世界杯体操比赛是 1986 年在北京举行的第七届世界杯体操比赛。在此次比赛中，李宁一人独得全能、自由体操、鞍马三块金牌。

(23)在各种国际体操比赛中获得金牌数量最多的运动员是李宁。他在从 1981 年中美对抗赛到 1988 年美国杯赛的 24 次比赛中共获得 64 块金牌。

(24)第一次被评为“世界最佳体操运动员”的运动员是李宁、吴佳妮，时间是 1982 年。

(25)第一位被评为“世界十佳运动员”的运动员是李宁，他于 1982 年获此殊荣。

(26)第一位当选“本世纪世界最佳运动员”的运动员是李宁，他于 1999 年获此殊荣。

(27)第一位任国际奥委会运动员委员会委员的是李宁，他于 1987 年获此殊荣。

(28)第一次评选全国“十佳运动员”是在 1980 年，李月久、李翠玲获此荣誉。

(29)第一位连续 5 次被评为全国“十佳运动员”的是李小双，他在 1992、1993、1994、1995、1996 年均获此殊荣。

(30)1985 年版的国际体操评分规则中第一次出现了以中国人名字命名的动作，分别是：自由体操李月久、鞍马童非、吊环李宁、双杠李宁。

(31)第一位连续两次获得奥运会男子跳马冠军的是楼云，他于1984年、1988年两届奥运会上均获得此荣誉。

(32)第一位获得女子平衡木世界冠军的是杨波，她是在1990年第八届世界杯赛上获得的。

(33)第一位获得女子自由体操世界冠军的是奎园园，她于1996年世界单项锦标赛上获得此荣誉。

(34)第一位在奥运会男子自由体操比赛中使用“团身后空翻三周”这一高难动作并获得奥运会男子自由体操金牌的是李小双，他是在1992年第二十五届奥运会上获此荣誉的。

(35)第一位获得奥运会男子个人全能金牌的运动员是被称为“王中王”的李小双，他是在1996年第二十六届奥运会上战胜世界所有名将获此殊荣的。

(36)中国女队第一次获得世界团体亚军是在1981年第二十一届世界体操锦标赛上。

(37)第一位中国最年轻的男子世界冠军是李小鹏，他是1997年中国男队获得团体世界冠军的成员，当时年仅16岁。

(38)第一次在中国举行的世界体操锦标赛是1999年天津世界体操锦标赛。

第二节 世界体操发展简史

18世纪，在德国体操之祖古兹穆茨的倡导下开始了体操运动，他在1793年出版了《青年体操》一书。到18世纪末19世纪初，德国体操之父F. L. 杨在古兹穆茨建立的体操体系基础上创建了以器械练习和军事游戏为基础的民族体操体系——后被称为杨氏体操或德国体操。他在继承和发展原有的吊环、鞍马、单杠运动的基础上，开创了双杠、吊绳、吊杆等项目，并改革了木马、跳箱、跳跃器等器械，并于1816年出版了《德国体操》一书。

19世纪初叶，在德国体操之后产生了瑞典体操。瑞典体操的创始人比尔·亨利克·林认为，体操的唯一任务是保健和富国强兵。他将体操分为教育体操、医疗体操、健美(艺术)体操。瑞典体操体系详细而又成功地研究了体操的基础理论，使体操的发展建立在人体解剖学、生理学及卫生学的基础上，并沿着科学化的方向前进。瑞典注重在各级学校推广体操运动。瑞典体操在近代世界体育运动发展史上占有重要地位，为体操的发展打下了基础。另外，比尔·亨利克·林还发明了不少实用器械，如体操凳、体操梯、垂直绳、水平绳、斜绳、木马、平衡木等，进一步丰富了体操的内容。

体操运动发展到现代奥林匹克时期，终于展露出现代体操的雏形。在1896年首届奥运会上就设有男子体操比赛。1903年第一届世界体操锦标赛在比利时进行，参加的国家只有4个(比利时、法国、卢森堡、荷兰)。当时的运动员不但要参加单杠、双杠、吊环等项目的比赛，还要参加游泳、赛跑、跳远、跳高等项目的较量。另外还有一些非正式的比赛，如爬绳和类似于艺术体操的棒操。比赛的场地不是在体育馆内，而是在田径场地，器械项目都安排在跑道内的空地上进行。当时的体操比赛更像是考察运动员的综合能力，与现代体操的全能比赛毫无关系。1905年第二届世界体操锦标赛时，爬绳等项目仍旧保留，而现代体操不可缺少的吊环却被取消。1909 年吊环又被重新列为比赛项目。体操世锦赛中的游泳项目直到 1922 年才被废除。1946 年，国际体操联合会技术委员会的 Pierre Hentges（卢森堡）和 Claude Lapalu（法国）提出由包括裁判长在内的 5 人裁判组及有效分概念的提案，并于 1949 年正式出版了第一部国际体操的评分规则。

现代竞技体操的发展大体可以分为以下几个阶段：

第一阶段：体操发展的初级阶段（20 世纪 50 年代以前）。

20 世纪 50 年代以前，体操处于形成和起步阶段，动作简单，技术水平低，项目繁多。参赛国主要是欧洲国家，以捷克的优势最为明显，该国在世锦赛上 7 次夺得团体冠军。此外，德国、法国、意大利等国家也取得了较好的成绩。

第二阶段：体操技术形成阶段（20 世纪 50 年代至 70 年代初）。

在这一阶段，开始进入了良性运行时期，体操技术得到了不同程度的发展，一些新技术新难度动作出现。在此阶段还确定了男子比赛 6 个项目和女子比赛 4 个项目，设有团体赛、全能赛和单项决赛，初步确定了计分方法，制定了第一本正规的评分规则，构建了评分的基本框架。为促进体操运动更快地发展，自 1964 年起，规则每 4 年修改一次，使其日趋完善。苏联男、女队和日本男队在这个阶段成绩保持领先地位。

第三阶段：竞技体操快速发展阶段（20 世纪 70 年代至 90 年代末）。

20 世纪 70 年代以来，是体操技术新的发展时期，一系列新动作被以运动员命名。以日本著名运动员冢原光男首创单杠“旋”空翻下为先导，以美国运动员托马斯完成的鞍马“分腿波浪式全旋”为推动，世界体操进入了全面创新阶段。1976 年，罗马尼亚 14 岁的科马内齐传奇般地在比赛中获得 7 次满分，一举夺得第二十一届奥运会女子体操比赛全能、高低杠、平衡木三项冠军，开创了女子体操年轻化的新纪元，运动员的“早期专业化”训练新理念也随之得到世界各国的普遍重视，使得新、难动作不断涌现，动作技术的规格、质量和动作的编排达到了较高水平。

20 世纪 80 年代，高难创新动作日新月异、迅猛发展。国际体联修改了团体比赛形式以及个人全能和单项决赛的计分方法，在规则中增加“D”组难度动作，该动作成为运动员取胜的法宝。至此，体操向着“难、美、新、稳”的艺术化方向转化。

20 世纪 90 年代后，随着体操竞赛的复杂化、选手的年轻化、训练科学化程度的不断提高，规则中取消了规定动作并先后增加了“E”组和“SE”组难度动作，使得难度系数越来越大。特别是苏联的解体，使世界体操的格局变得更加复杂，男子团体在中国、俄罗斯、乌克兰、日本和美国等国之间争夺，女子团体则是罗马尼亚、俄罗斯、中国和乌克兰竞争桂冠，单项金牌的分布也趋于多极化。

第四阶段：竞技体操稳定成熟阶段（21 世纪初）。

进入 21 世纪，对于体操来讲是成熟的开始。2006 年国际体操联合会正式颁布男子竞技体操评分规则，这和原来的规则相比发生了重大变革。此评分的结果是由成套动作的价值（D 分）加上运动员的完成情况（E 分）组成，从而突破了 10 分的评分制，出现了体操运动员得分的世界纪录。新规则的出现一方面鼓励运动员加大动作难度，直观展示运动员的实际水平；另一方面更是提倡运动员做具有高度的美观性和技术熟练性的动作。这些为体操运动的发展指明了方向，对体操运动的稳定可持续发展起到了积极的促进作用。

纵观目前体操竞赛情况，男子团体和全能实力主要是在中国和日本之间竞争，单项的竞争更趋多元化。女子竞技体操的竞争主要是在美国、俄罗斯、中国、罗马尼亚中展开。

第三节 世界竞技体操大型赛事简介

1. 奥运会体操比赛

奥运会体操比赛是由国际体操联合会主办的规模最大、历史最长的世界性大型体操比赛。1896 年，在希腊雅典举行了第一届奥运会体操比赛。此后，每 4 年举行一次，至 2015 年共举行了 30 届。第一届奥运会体操比赛只有男子体操比赛，项目不全，团体冠军被德国获得。第二届只有个人比赛。1936 年以前，历届奥运会体操比赛项目不统一，除有体操项目比赛外，还有田径等其他项目的比赛。男子体操比赛 6 项正式被确定下来是 1936 年在柏林举行的第十一届奥运会上。女子体操比赛是从 1928 年第九届奥运会开始的，在第十届奥运会上被排除，从 1936 年第十一届奥运会开始又被列为正式比赛项目。女子体操比赛 4 项是在 1952 年第十五届奥运会上确定的，并一直沿用至今。

2. 世界体操锦标赛

世界体操锦标赛(The World Gymnastics Championships)，是由国际体操联合会主办及其所属的一个国家的体操协会所承办的世界性体操赛事，其历史仅次于奥运会体操比赛。竞技体操世界锦标赛自 1903 年开始，每两年举行一次。从第七届(1922 年)起改为 4 年举行一次，与奥运会相间。自 1978 年后又改为每两年举行一次。为避开奥运会年，于 1979 年举行了第二十届世锦赛。2002 年之后，除奥运年外，每年举行一次，即每四年举行三次。截至 2015 年共举行了 46 届世界体操锦标赛。中国分别举办了 1999 年天津第三十四届体操世锦赛和 2014 年南宁第四十五届体操世锦赛。前 12 届的比赛内容与当前体操比赛大不相同，除了有目前的基本器械外，还有田径、举重、游泳以及实用性的体操内容。前 9 届只有男运动员参加，设团体和全能奖。从第十届开始增加了女子比赛，比赛内容才和当前一样，男女比赛都分别设团体、全能和单项比赛。

3. 世界杯体操赛

世界杯体操赛(Artistic Gymnastics World Cup)是由国际体操联合会主办的世界最高水平的体操大赛。比赛规模较小，只进行全能和单项的自选动作决赛。每年举行若干站分站赛，分站赛成绩优秀的选手参加总决赛。经比赛获得男女全能冠军的运动员将夺得世界杯；获得男、女单项前 3 名的运动员，分别授予金、银、铜质奖章。正式的世界杯是流动奖杯，运动员只能获得微型复制品，永久保存。参赛资格是按照国际体操联合会技术规程的规定：上届世界体操锦标赛和奥运会体操比赛的个人全能决赛和单项决赛获得奖牌的运动员，男、女各 18 名；还有在参加全能比赛中具有高水平的男、女运动员。以上有资格的参赛人员，都将由国际体联男、女技术委员会选定。如果主办国(地区)没有获奖牌的运动员，按照技术规程规定，可选派男、女各 2 名运动员参加比赛。因此，参加世界杯体操赛的运动员，最多只能男、女各 20 名。技术规程规定，每个国家(地区)最多只能派男、女各 3 名。

第一届体操世界杯总决赛是1975年在伦敦举行的。在第七届体操世界杯总决赛前举行时间是没有规律的，20世纪70年代末国际体操联合会才把世界上重大的比赛作了统一的安排，决定世界杯赛每四年举行一次。四年为一周期，安排为：奥运会—世界体操锦标赛—世界杯体操赛—世界体操锦标赛，这个决定一直维持至1990年。1990年后，国际体操联合会决定停止举办世界杯赛。

1997年，国际体操联合会执行委员会更新了世界体操赛事的举办时间，使其更有规律。该委员会决定往后于双数年举办体操世界杯，与单数年举办世界体操锦标赛互相交替。1998年，国际体联决定恢复世界杯赛，但改变了以前的赛制，改成了世界杯系列赛。该赛包括预赛和决赛：分别在不同的洲组织预赛，运动员在两年内规定的比赛中，必须至少参加三站在不同的大洲举行的系列赛，按照积分排名获得前8名的运动员获得世界杯总决赛的资格；总决赛只进行单项的比赛，决出单项的世界冠军。这年底，第一届世界杯赛总决赛在日本举行，中国选手一举夺取6块金牌。这届比赛选手的积分是按照1998年的前两年国际体联规定的比赛成绩划定的。比赛包括预赛和决赛，分别在几个国家(地区)组织预赛，以国家(地区)积分的方式获得参加决赛的资格。这个比赛只进行单项的比赛，决出单项的世界冠军。

2008年5月，国际体联于南非开普敦的会议上决定，因没有国家承办新一届的比赛，由2009年1月开始暂停举办任何与体操世界杯有关的赛事。

第三章　体操比赛的组织与欣赏

第一节　体操比赛的组织

体操比赛是一项复杂而细致的工作，组织工作的好坏将直接影响比赛质量的好坏。

一、比赛的组织机构

根据比赛规模的大小，成立相应的组织机构。对涉及单位较多的比赛，通常由主办单位确定组委会人员的构成，一般包括主办单位负责人、赞助单位领导、上级领导机关代表、有关知名人士和组委会总裁判长。对于规模较小的比赛，组委会成员一般由单位领导、项目负责人和后勤保障人员组成。组委会的组织结构如图 3-1 所示。

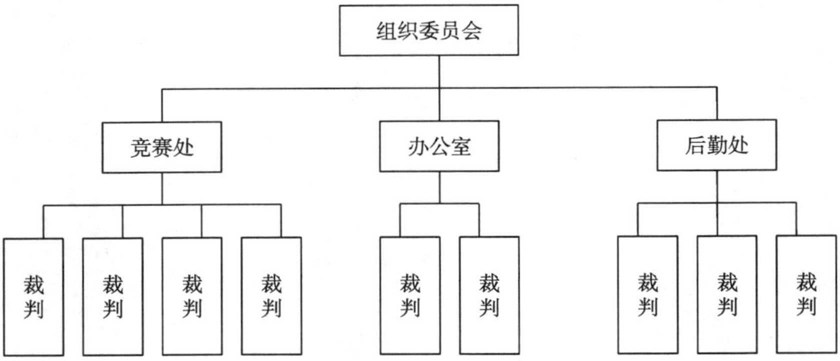

图 3-1　组委会的组织结构

竞赛委员会负责人主要负责召开领队和教练等有关方面的联席会议，其主要内容有：介绍比赛场地及有关筹备工作情况；解释竞赛规程和评分规则等；抽签决定比赛顺序和安排试用场地；研究和决定有关比赛的问题。

二、比赛规程的制定

竞赛规程是比赛的指导性文件，其文字应简明、准确，使参赛单位不致产生误解。竞赛规程应根据比赛的规模和规格提前半年，最迟不少于 3 个月发给各参赛单位和有关部门及领导，以便提前做好参赛准备并安排好各项事宜。竞赛规程一般包括下列内容：

(1)比赛的名称。

(2)主办、承办、协办、参赛单位。

(3)比赛的日期和地点。
(4)比赛的组别及项目。
(5)参赛资格。
(6)参加办法。
(7)比赛办法。
(8)名次录取及奖励办法。
(9)报名及报到的方式、日期、地点。
(10)经费及其他。

三、比赛的运作

1. 编印秩序册

在确定比赛顺序和比赛场次后，总记录组应尽快编印秩序册，其主要内容包括竞赛规程、组委会或竞委会、大会办事机构、仲裁委员会、裁判员名单、参赛单位、大会活动日程安排、竞赛日程或比赛顺序、比赛场地示意图等。

2. 组织裁判学习

赛前首先由总裁判长对裁判员进行裁判分工。然后，用1～3天的时间学习竞赛规程和评分规则，统一评分标准，到现场观看训练并进行试评。

3. 做好场地、器械的准备工作

赛前应设计和复印好裁判员评分表、比赛成绩记录表等竞赛用表格，做好画场地、钉标记、安装音响设备等后勤工作。同时，准备好裁判评分用具。

4. 比赛与发奖

为保证比赛的顺利进行，大会与裁判组工作要协调配合，统一指挥，衔接紧凑。为确保比赛分值准确无误和比赛顺利进行，基本体操比赛可采用迟一队宣布成绩的方法，即第二个队做操完毕退场时宣布第一个队的成绩，以下依此类推。比赛结束应及时当众发奖，发奖仪式应简短而热烈，以达到良好的宣传效果。

第二节　体操教学比赛

一、基本体操比赛的进行与评分

(一)裁判组的组成与座位

基本体操比赛通常设总裁判长1名、副总裁判长1名(兼总记录长)、裁判长1～2名、裁判员4～10名、记录员1～2名、检录员1名、播音员1名。

裁判员的座位应尽量设在1.5～2.0 m的台子或高凳子上，以便能清楚地观察到运动员所做的动作。裁判员应按顺时针就座，也可坐成一排，但要保持一定的间隔。每队比赛结束后，裁判员把分填在评分表上，由传分员交给裁判长，裁判长示意后裁判员统一亮分，随后裁判长亮最后得分。也可采用裁判员不示分，由裁判长示最后得分。

(二)裁判组的评分方式

基本体操比赛一般采用一组裁判评分的形成，评分方式有三种。

(1)全场通评：参赛人数不多，进退场队形变化不大的小型比赛。

(2)分区评分：参赛人数很多(100 人以上)的比赛中，由于裁判的视野局限，要通观全局比较困难，容易漏判。

(3)分区与全场相结合评分：参赛人数较多的中型比赛，既可看清分区又可兼视全场。

(三)最后得分的确定

为适应群众的习惯，基本体操比赛多采用百分制进行评分，以 0.5 分为单位对错误进行扣分。最后得分的计算方法通常有平均分和累计分两种。

1. 平均分的计算方式(计算到小数点后两位)

(1)去掉最高分和最低分，取中间几个分数的平均分为最后得分。

(2)取所有裁判员分数的平均分，即为最后得分。

2. 累计分的计算方式

累计分是指裁判员按各自(评分小组或个人)既定评分内容的比例分别评分，所评出的诸分之和为最后得分。其评分程序是将裁判员分成动作完成情况、队形变化、精神面貌等若干个评分小组，各自先按累计评分法评出各自的分数，然后相加。例如，比赛动作占 80%，扣除错误得 76 分；进退场及队形变化占 10%，扣除错误得 9 分。服装和精神面貌占 10%，扣除错误得 9 分，该队最后得分为：76+9+9=94 分。

(四)完成情况的评分

对于基本体操动作应主要从“三度”“一性”两方面进行评分，即完成动作的力度、幅度、准确度和整齐性。其评分内容包括比赛动作(如广播体操或队列动作)、进退场及队形变化、领操员的指挥与示范、音乐、服装和精神面貌等，但应以动作评分为主，其比例可参照表 3-1。

表 3-1 基本体操评分内容参照表

种类	动作	队形变化	精神面貌	其他	说明
1	100 分	0	0	0	只比动作
2	80～90 分	0	5～10 分	5～10 分	以动作为主的比赛
3	60～80 分	5～10 分	5～10 分	5～10 分	动作、队形变化和其他的全面比赛

1. 动作错误的类型

(1)动作姿势错误。

(2)动作部位错误。

(3)动作方向错误。

(4)动作路线错误。

(5)动作节奏错误(包括动作与音乐或口令的配合)。

(6)漏做动作。

(7)附加动作。

2. 动作错误的等级划分和扣分标准

(1)小错(扣 0.5～1.0 分)：指与正确动作、姿势和节拍等有微小的偏差或动作错误角度和方向与正确动作的偏差小于 15°。

(2)中错(扣 1.5～2.0 分)：指与正确动作、姿势和节拍等有明显的偏差或动作错误角度和方向与正确动作的偏差在 16°～30°。

(3)大错(扣 2.5～4.0 分)：指动作变形、严重偏离正确动作、姿势和节拍或动作错误角度与方向在 31°～45°。

(4)未完成(扣分值)：指动作做错或完成动作的角度与方向与正确动作的偏差大于 45°。

(5)漏做动作：每漏做一节或部分节拍，扣去漏做部分的全部分值。

(6)附加动作：在同节操中出现附加动作，扣 1～3 分(1/3 以下个数扣 1 分，1/3～2/3扣 2 分，2/3 以上扣 3 分)。

3. 动作整齐性扣分等级标准(表 3-2)

表 3-2　动作整齐性扣分等级标准参照表

错误	个别	少数	多数	说明
动作不整齐	0.5～1.0	1.5～2.0	2.5～4.0	分节扣分

4. 动作错误扣分等级标准(表 3-3)

表 3-3　动作错误扣分等级标准参照表

错误	个别 10%以下	少数 10%～30%	多数 30%以上	说明
小错	0.5～1.0	1.5～3.0	3.5～5.0	分节扣分
中错	1.5～3.0	3.5～5.0	5.5～6.0	分节扣分
大错	3.5～5.0	5.5～6.0	6.5～分值	分节扣分

提示：技术错误的扣分应高于姿势错误的扣分；每节扣分不能超过本节的分值；整套动作完成后，应根据完成情况，一次性加扣动作力度、幅度、精神面貌以及身高排列不合理等错误分(参照扣分标准为 0.5～3.0 分)。

二、体操规定动作比赛

(一)比赛内容

(1)等级运动员的比赛内容按照国家体育总局体操运动管理中心制定的《体操等级运动规定动作及评分细则》执行，分为二级和三级。

(2)在基层进行体操教学比赛时，可自行规定项目或动作。制定规定动作时，应写明动作说明、动作分值、动作错误扣分标准等。

(二)比赛项目和项目轮换表

1. 比赛项目

(1)三级规定动作的比赛：男子进行自由体操、山羊、双杠、单杠 4 个项目的比赛，女子进行山羊、单杠(低)、平衡木、自由体操的比赛。男女比赛项目均任选其中三项。

(2)二级规定动作的比赛：男子进行自由体操、鞍马(或山羊全旋)、吊环、跳马(跳箱或山羊)、双杠、单杠(低)六个项目中任意四项的比赛，女子进行山羊、单杠(低)、平衡木、自由体操四个项目中任意三项的比赛。

体操教学比赛可自选任何一项或所有项目进行规定内容的比赛。

2. 项目轮换表

在参赛队伍多、裁判组及比赛场地有保障时，多采用男女分场轮换的比赛形式。若参赛队伍不多、裁判人数有限时，可采用同场进行上、下半场比赛的形式。

(1)二级以上比赛项目轮换(表 3-4、表 3-5)。

表 3-4 男女分场比赛项目轮换表

队(组)别	自由体操	鞍马	吊环	跳马	双杠	单杠
	跳马	高低杠	空	平衡木	自由体操	空
一	1	2	3	4	5	6
二	6	1	2	3	4	5
三	5	6	1	2	3	4
四	4	5	6	1	2	3
五	3	4	5	6	1	2
六	2	3	4	5	6	1

表 3-5 男女同场比赛项目轮换表

队(组)别	上半场			下半场		
	自由体操	鞍马	吊环	跳马	双杠	单杠
	跳马	高低杠	空	平衡木	自由体操	空
一	1	2	3	4	5	6
二	3	1	2	6	4	5
三	2	3	1	5	6	4

(2)三级比赛项目轮换(表 3-6、表 3-7)。

表 3-6 男女分场比赛项目轮换表

队(组)别	自由体操	双杠	跳马	单杠
	跳马	低单杠	平衡木	自由体操
一	1	2	3	4
二	4	1	2	3
三	3	4	1	2
四	2	3	4	1

表 3-7　男女同场比赛项目轮换表

队(组)别	上半场		下半场	
	自由体操	双杠	跳马	单杠
	跳马	低单杠	平衡木	自由体操
一	1	2	3	4
二	2	1	4	3

(三)评分因素

二、三级体操运动员只进行规定动作的比赛，每项最高 10 分。通过比赛达到等级大纲的计分标准，即可申报相应的等级称号。

各等级的规定动作都有明确的动作规格和具体的扣分标准，具体内容如下。

(1)漏做动作：如果运动员漏做了规定动作中的某个或部分动作，则扣去该动作或部分动作的整个分值。

(2)附加动作：对于多做的动作部分，每次均按虚摆一样处理：女子每次扣 0.3 分；男子半个虚摆扣 0.2 分，整个虚摆扣 0.3 分。

(3)改变动作方向：运动员的动作方向与规定方向相反，则扣该动作分值的一半；女子允许部分或全部改变动作方向，但动作路线不能改变，否则扣 0.2 分。

(4)重做：规定动作原则上不能重做。如果不是运动员的原因，使得动作中断，须在裁判长或总裁判长的允许下才可重做。

(5)掉下：运动员从器械上掉下(无论脱手与否)，应在 30 s 内继续完成动作。如未在规定时间内上器械，则成套动作终止，每次掉下扣 0.5 分。

(6)帮助：所有动作都不允许在帮助下完成，否则扣掉所帮助动作的分值。如教练员只触及运动员身体(未进行助力帮助)则扣 0.3 分；落地时给予帮助(触及运动员身体)扣 0.5 分。

(7)跳马助跑距离不超过 25 m，否则扣 0.2 分。

(8)姿势及其他错误扣分(见表 3-8)。

表 3-8　体操二、三级规定动作错误扣分表

错误类型	扣 0.1 分	扣 0.2 分	扣 0.3 分	扣 0.4 分	扣 0.5 分
屈腿、分腿、勾脚尖	轻微	明显			
落地错误	一小步或一小跳	一大步	单手撑地	双手撑地	跪、坐地
动作中断、虚摆		虚摆	动作中断但未掉下		掉下器械
静止动作	1～2 s	1 s	不到 1 s(再扣分值)		
倒立爬行	每步				

注：竞技体操非等级比赛自选动作的技术与姿势错误扣分与表 3.7 中的扣分标准不同。例如对偏离完美技术与姿势的扣分等级分为小错(扣 0.1 分)、中错(扣 0.2 分)和大错(扣 0.5 分)；从器械掉下、落地出现跪地、手撑地、坐地等错误扣 1.0 分。

第三节 幼儿基本体操表演赛

20世纪90年代新发展起来的幼儿基本体操项目，其目的是贯彻执行“向幼儿进行德、智、体、美全面发展的素质教育，使其身、心健康成长，为入小学打好基础，为造就一代新人打好基础”的幼儿教育方针。基本体操活动，可促进幼儿健康水平和身心素质得到全面发展。

从1991年开始，每年的“六一”国际儿童节期间，北京和全国各地会轮流举行“全国幼儿基本体操表演大会”。到2016年为止，这样的全国活动已经举办了26次。1995年在柏林举行的第十届世界大众体操节上，中国幼儿基本体操代表团的精彩表演受到了极高的评价——“最大的国家，派来了一个最小的，但是最精彩的队!”此后，中国幼儿基本体操代表团访问了美国、马来西亚、泰国、新加坡、德国、韩国等国家，所到之处，都给予了他们热烈的欢迎。马来西亚、泰国、美国的幼儿基本体操队，也先后参加过中国的幼儿体操表演大会。

以下介绍幼儿基本体操表演大会规则(2009年版)。

一、一般要求

参加表演的运动员为男、女学龄前儿童(5～6岁)各6名。表演内容如下：

(一)规定基本体操表演

由大会指定每次比赛选用的基本体操动作。

(二)自编幼儿基本体操表演

包括10个规定动作在内的自编成套动作。10个规定动作的内容包括前或后滚翻、劈叉、仰卧起坐、肩肘倒立、桥(女)、立卧撑(男)、可扶持的站立平衡、左右踢腿各一次、波浪(女)、单脚转体360°(男)、连续两次跳步、足尖步或跑跳步等。

(三)自编幼儿基本体操成套动作的表演时间

自编幼儿基本体操成套动作的表演时间为3.5 min～4 min，时间不足或超过各扣0.2分。时间的计算以入场后，成套动作开始时计时，动作结束停表。全套动作开始前和全套动作结束后，要有4拍的停顿或间隔，并各有两个8拍的出场和退场(形式不限，不予计时)。

(四)音乐

大会规定幼儿基本体操表演的音乐由大会统一提供。自编幼儿基本体操表演音乐，选择的素材要适合儿童特点，选择儿童容易理解的乐曲。

(五)场地要求与出界扣分

自编幼儿基本体操的全套动作必须在 12 m×12 m 的场地内进行，每出界一次扣 0.1 分。

二、评分介绍

裁判设编排裁判组和完成情况裁判组，各裁判组最高分为 10 分，各队满分为 20 分，成绩优者名次列前。

(一)编排组的评分

10 个规定动作占 3 分，编排的合理性占 7 分。

(二)完成情况的评分

着重看动作的准确性、熟练性、一致性等因素，按出现的错误分轻微(扣 0.05～0.1 分)、显著(扣 0.15～0.2 分)和严重(扣 0.3 分以上)三个等级进行减分，然后进行总评价。

三、编排要求

(一)编排成套动作的要求

(1)应根据幼儿的特点选择体操中有利于生长发育的基本动作。
(2)根据规程和规则的要求创编动作。
(3)根据幼儿的身体素质条件、训练周期的长短及场地等实际条件选编。
(4)运动量要科学合理。
(5)选择适合本队特点的音乐并根据音乐的段落进行创编。

(二)创编时的注意事项

(1)动作选择应简单易学，全面影响身体。
(2)成套动作分布要合理。
(3)动静结合，动作快慢高低起伏要有变化。
(4)动作之间的过渡要自然。
(5)队形的变化要快捷、巧妙和清晰。
(6)音乐要优美动听，适合幼儿特点。
(7)不得选择以下 5 种过难的动作，如违反规定，每出现一次扣 0.2 分：
①容易造成局部负担过重，引起局部损伤的静止用力动作，如手倒立、头手倒立、胸倒立、分腿或直角支撑、后滚翻推成手倒立等。
②前手翻、后手翻、单臂侧手翻、后软翻成手倒立、空翻类、鱼跃类动作。

③动作着地冲击力过大，没有缓冲余地而造成幼儿关节损伤或挫伤的着地动作，如跳起用膝盖着地成跪姿、站立前倒成俯撑、双脚跳起接劈叉、双脚跳起转体 180°～360° 接劈叉。

④多次重复容易造成局部损伤的动作，如头顶胸挺起(角力桥)、跪立经脚背站起。

⑤双人或双人以上的叠罗汉。

第四节 竞技体操比赛与欣赏

一、竞技体操比赛简介

竞技体操比赛项目较多，动作难度大，技术复杂并有一定的惊险性，同时也具有较高的艺术欣赏价值。但由于竞技体操竞赛规则非常复杂，如果不了解竞技体操比赛的特点和规律，往往会出现“看不懂”比赛的情况。下面简单介绍竞技体操比赛的一般常识。

(一)竞技体操比赛的种类

根据国际体联(英文缩写为“FIG”)男女技术委员会制定的竞技体操评分规则，国内外竞技体操比赛只进行自选动作比赛。大型竞技体操比赛一般分为资格赛(第Ⅰ种比赛)、个人全能决赛(第Ⅱ种比赛)、个人单项决赛(第Ⅲ种比赛)、团体决赛(第Ⅳ种比赛)。通常竞技体操的比赛顺序为资格赛、团体决赛、个人全能决赛和个人单项决赛。观众可根据个人爱好和需要选择不同的比赛种类进行观赏。

所有参赛队和参赛个人必须参加资格赛，通过资格赛决定参加其他三种比赛的资格。观看资格赛可以全面了解各参赛队及个人的实力情况。如果想欣赏团体实力最强的比赛，应该观看团体决赛。因为它是由资格赛中团体成绩排名前 8 名的队参加，通过比赛将决出本次比赛的团体前 8 名。

个人全能决赛由资格赛中全能成绩前 24 名的运动员参加比赛(每个队最多 2 名)，通过比赛决出本次比赛的全能名次。

作为竞技体操单项最高水平的比赛，个人单项决赛是最受观众喜欢的比赛。它是由资格赛中各单项前 8 名的运动员参加(每个队最多 2 名)，通过决赛排出运动员的单项名次。

(二)竞技体操比赛的程序

竞技体操比赛可以男、女分场或同场进行。一般情况下，重大的国际性比赛均采用男、女分场比赛的形式。

运动员入场后，正式比赛前，每个项目的每名运动员都有 30 s(男子双杠、女子高低杠 50 s)的准备活动时间(国内外重大竞技体操比赛中，单项决赛运动员 30 s 准备活动需在训练馆进行)。比赛开始后，由 D1 裁判举绿旗或亮绿灯，示意运动员开始比赛。运动员要向裁判长举手示意并在 30 s 内开始做动作。各项目成套动作除自由体操(男子不超过 70 s，女子不超过 90 s)和平衡木(不超过 90 s)外，均无时间限制。完成一套动作后，运动员向D1裁判示意后方可退场。裁判员根据运动员的完成情况进行评分。本组运动员都做完动作后，D1裁判应在本项目的器械上挂上红旗或亮红灯，示意本项目此轮比赛结束。当男子6项或女子4项都挂上红旗或红灯亮后，由播音员宣告运动员开始轮换项目，进行下一项目的比赛。运动员比赛完所有项目后，本场比赛结束，裁判员和运动员统一退场。

(三)竞技体操裁判组的构成与基本要求

单项裁判组由D裁判组、E裁判组和辅助裁判构成：

(1)D裁判组由2名裁判员(D1和D2)组成。D裁判组确定“D”分，即成套动作的价值部分，涉及难度、组别、数量和连接加分等。

(2)E裁判组由5名裁判员组成。E裁判组确定“E”分，即成套动作的完成情况，涉及技术和身体姿势、编排要求等。

(3)辅助裁判员和助手(自由体操和跳马司线裁判，自由体操、高低杠、平衡木和双杠热身与比赛时间的计时裁判员，以及根据比赛需要设置的各种辅助人员，如记分员、秘书、计算机操作员、跑分员等)。

在所有场次比赛中(资格赛、团体决赛、全能决赛和单项决赛)，单项裁判组的人数和组成完全一致。但是，在单项决赛中，采用裁判员回避制度：凡是来自参加运动员同一协会的裁判员不得执行该项目的裁判工作。

国际体联组织的竞技体操比赛应严格按照以上人员构成裁判组，国内或区域性比赛D组和E组裁判均可适当减少。

裁判员在场上执法时的座位以顺时针方向排列在器械周边。

(四)竞技体操裁判评分

在所有的项目上，成套动作最后得分包括“D”分、“E”分和违纪扣分。D分包括运动员完成动作的难度分、完成动作组别加分和动作连接加分。男子E分包括运动员完成动作的技术、编排要求和身体姿态的扣分，女子E分包括运动员完成动作的一般错误、专项完成错误、技术/艺术性错误和完成情况的扣分。E分的最高分数为10.0分。违纪扣分(女子又称中性扣分)是指出界、超时和违反纪律扣分。

一般情况下，运动员完成一套动作后，首先由D组裁判出示D分，然后由E组裁判出示所扣错误E分，再根据是否有违纪扣分计算出运动员的最后得分。

1. D组裁判评分

(1)难度分：除跳马外，男子其他各项目计算10个(青少年为8个)难度动作的价值之和(每个组别不超过4个动作，加上下法的价值)；女子其他各项目计算8个动作(青少年为8个)。高低杠以完成7个最高难度价值的动作加上下法，平衡木、自由体操则需要完成至多5个技巧动作加上至少3个舞蹈动作。

所有男女竞技体操单个动作都尽可能地列入动作难度表中，男子动作难度已发展至G组，女子已发展至H组。每个动作都有一个特定的难度价值和一个特定的编号。在所有比赛中，除了男女跳马对单个难度动作赋值外，男子自由体操、鞍马、吊环、双杠、单杠和女子高低杠、平衡木、自由体操的成套动作的难度价值计算如下(表3-9)：

表 3-9 难度价值表

级别	A	B	C	D	E	F	G	H
分值	0.1	0.2	0.3	0.4	0.5	0.6	0.7	0.8

(2)组别分(编排分)：除了跳马项目外，男子自由体操、鞍马、吊环、双杠、单杠，女子高低杠、平衡木和自由体操，每个单项的成套动作被分为不同的动作组别，指定为Ⅰ、Ⅱ、Ⅲ、Ⅳ、Ⅴ组，自由体操项目的结束动作(女子称为“最后一串技巧动作”)为第Ⅴ动作组别，其他项目的下法动作被指定为第Ⅴ动作组别。每完成一个动作组别的动作可获得 0.5 分，完成五个动作组别的动作可获得 2.5 分。

(3)动作连接加分：男子自由体操、单杠和女子高低杠、平衡木、自由体操有连接加分。

将以上三部分的得分相加，即为“D”分。

2. E 组裁判评分

E 分从 10 分开始，以 0.1 分为单位进行扣分。去掉 E 组裁判评分中的最高扣分和最低扣分，剩下 E 组扣分的平均分为 E 组平均扣分。从 10 分减去 E 组平均扣分即为最后的“E”分。在世界体操锦标赛和奥运会体操比赛的单项决赛中，当 E 组平均扣分的分差过大时，将启用 2 个 R 组裁判的分数平均，得出最后 E 组平均扣分。

3. 最后得分

最后得分=“D”分+最后的“E”分−违纪扣分(中性扣分)。例如：

D 组：4.0+2.5=6.5 分

E 组：

裁判编号：	1	2	3	4	5
裁判扣分：	0.80	0.70	0.60	0.60	0.70

平均扣分：(0.70+0.60+0.70)/3=0.667(小数点后保留 3 位)

最后的 E 组得分：10−0.667=9.333

违纪(中性)扣分：0.1

一套动作的最后得分：6.5+9.333−0.1=15.733

二、竞技体操比赛欣赏

竞技体操比赛分为男子 6 项和女子 4 项，由于比赛内容和具体要求不同，男、女竞技体操表现出不同的审美风格。男子竞技体操美主要体现在骨骼强劲、肌肉健壮、动作高难等方面，侧重于力度；而女子竞技体操美则主要体现在身体的曲线、用力的柔和、动作的飘逸和表演的艺术性等方面，侧重于柔软。随着竞技体操运动的发展和人们对竞技体操审美趣味的提高，男子竞技体操在着重发展力度的前提下，已经开始重视对柔韧的培养；女子竞技体操则开始向男子化靠近，对于力度已有了新的要求。因此，竞技体操开始走向“刚柔相济”的新时期，即男子“刚中带柔”，女子“柔中带刚”。

（一）男、女竞技体操运动员形体美的差异

竞技体操运动员的形体美是由运动员的身体结构和肌肉骨骼的发达程度所决定的，是在遗传基础上经后天的系统训练而呈现出来的，它是竞技体操美表现的开端。人们观赏竞技体操比赛时，首先注意到的就是运动员的形体特征。只有具备了美的形体，才有可能更好地表现出优美的体操动作。但是，由于男女竞技体操比赛项目存在较大差异，各项目对运动员的具体要求不一样，再加上男女运动员的生理结构和机能的差异，训练中的要求和发展重点也不一样，男女竞技体操运动员的形体特征便逐渐呈现出不同的审美风格。男女竞技体操运动员的共同形体特征是：个小、体轻、躯干短、骨盆窄、腿细、肩宽、手大、四肢长，这些形体方面的特征是由竞技体操特定的项目要求决定的。体操运动员经过长期的系统训练，技术和身体素质水平都得到了很大提高，形体特征也发生了较大的变化，男女运动员形体的差异性表现得越来越明显。尤其是进行器械训练的运动员，男子突出表现为肩宽、胸大肌和背阔肌突出、上臂较粗、三角肌较大、腰细、腹肌明显突起、臀大肌上提、腿细长等特征，而且训练时间越长，技术水平越高，这些方面就越突出。因为男子竞技体操 6 个项目中有 4 个项目纯属上肢和躯干动作，因此对男子竞技体操运动员的上肢和腰腹力量要求相对较高；而女子竞技体操运动员在竞技体操 4 个项目中有 3 个项目都属于下肢的动作，上肢支撑用力的动作较少，所以女子的上肢、肩带、胸肌和背阔肌没有男子突出。但是，女子运动员腰腹和下肢活动较多，故显得腰细、腿稍粗、臀大肌上提、上肢细长、上下肢和腰腹部皮下脂肪较少，肩比普通女子宽，形成女子体操运动员所特有的曲线美。

（二）男、女竞技体操比赛项目的不同审美风格

男子竞技体操包括吊环、鞍马、单杠、双杠、跳马和自由体操 6 项，女子竞技体操包括平衡木、高低杠、跳马和自由体操 4 项。除了自由体操和跳马是男女共有的两个比赛项目外，其他项目差异较大。即使是自由体操和跳马这两个男女共有的项目，其比赛内容、方式和要求也有较大差异。这种差异性是导致男女竞技体操不同审美风格出现的根源。

1. 男、女自由体操项目的不同审美风格

女子自由体操伴有音乐，以音乐为节奏基础，节奏的美就显得特别鲜明。而且女子自由体操大量采用抒情、柔美的舞蹈连接难度动作，充分表现出女性的优美。男子自由体操的动作节奏则完全靠动作的疾缓、幅度的大小、动作的转换等来表现。要想在运动中表现出节奏美，就必须具备较强的力量、速度等素质。而且，男子难度动作的连接多采用直线型的动作，动作难度高、路线长，与女子体现身体曲线美的动作迥然不同。另外，女子动作技术突出柔韧、曲线、连贯、流畅，始终贯穿着一个“柔”字。其整套动作内容主要由有腾空或无腾空的向前、向侧或向后的技巧动作和体操动作（如转体、单或双腿的跳步和小跳、走和跑的组合以及身体波浪动作）构成，且现代女子竞技体操也突出了对动作难度、高度和力度的追求，更明显地表现出女子自由体操“柔中带刚”的特点；而男子竞技体操则讲究刚劲有力、落地有声、勇猛惊险、跌宕起伏，始终以“刚”字著称，成套动作以技巧动作为主，与其他体操动作（如力量和平衡、柔软动作、倒立及舞蹈）一起连接组合，从而构成了一个韵律和谐、节奏鲜明的整体，呈现出男子独具的“刚

中带柔”的特点。

2. 男、女器械项目的不同审美风格

女子器械项目允许用手、肩、腹、背或臀等多个部位接触器械作为支撑点或借力点(多出现在平衡木和高低杠项目上)，避免完全靠手臂的力量做动作，但是又不可停顿，要突出女子连贯、柔韧和协调的动作特点；在男子器械项目中，除了手部以外，一般不允许身体其他部位接触器械(由于技术要求，一些特殊动作例外，如双杠上的挂臂、单杠上的腹回环等)，否则将会被认为“动作不干净”，并按规则给予扣分。男子吊环、双杠和自由体操，还要求有一定时间(2 s)的静止支撑平衡动作。可见，男子动作多以手臂支撑来完成，或摆动，或静止，或腾越，或翻转，力量和速度是其显著的特点，而且动作难度大，常常出现常人力所不及的惊险动作和出人意料的独特动作或连接。男子竞技体操快速有力、高难惊险的动作，抑扬顿挫的节奏，娴熟完美的技术给人一种雄浑、坚实、勇猛、粗犷、豪放之感，呈现出男子特有的阳刚之美；女子动作则充分利用身体各部位，在明快的动作(音乐)节奏中，连续完成动作，而且往往出现柔韧性的技巧动作，连贯、娴熟的技术给人以柔和、灵巧、流畅、婉转、圆润的感觉，呈现出女子特有的阴柔之美。

3. 男、女跳马项目的不同审美风格

在所有器械项目中，男、女跳马项目审美欣赏的差异性是相对较小的。因为男、女跳马动作的动作结构、完成方式等几乎一致，其差异性主要体现在完成动作的速度、高度、远度和力度以及运动员的空中姿势等方面。由于男子竞技体操运动员的速度和力量素质都比女子运动员好，所以，男子跳马动作表现出难、高、远、飘的特点；而女子竞技体操运动员由于柔韧和灵敏素质强于男子，因此动作表现出舒展大方、轻盈优美的特征。特别是女子竞技体操运动员在表现力和艺术性方面都比男子好得多。

(三)规则中体现出的男女竞技体操的不同审美要求

女子体操评分规则中明确规定“完成情况和表现”的内容主要包括“正确的技术、幅度、身体形态和姿势，绕多轴转体时阶段准确，空翻和体操跳步，高低杠的飞行动作，跳马第二腾空阶段以及下法的腾空高度，艺术表现力，动作的动力性和全套的节奏与韵律”。

男子评分规则中则没有具体明确“完成情况”的内容，只是对技术完成和姿势错误进行了界定，即“当以一种有效的方式，轻松自如、富于节奏地完成一个动作，并达到了‘姿势正确、规格到位’的基本要求时可以认为该动作技术完成正确；摆动动作的技术完成错误是指由于缺乏流畅连贯，运动员未能成功地完成该动作或作为整套动作或单个动作的某个阶段未能达到正确的结束姿势；姿势错误是指当完成一个动作时，身体某部位出现弯曲，从而违背了有关动作优美及艺术效果的要求。”

从上述规定中可以看出，女子体操对完成过程中的艺术表现性与韵律性要求较高，而男子体操对完成动作的技术准确性和质量规格要求较高。女子体操除了要求运动员具备很高的体操技艺外，还必须具备出色的舞蹈表现力和较高的音乐素养。国际竞技体操规则在自由体操、平衡木项目上更加突出了艺术表现力的重要性。裁判员将对运动员动作中所表现出来的优美雅致、个人风格、专注表情及观赏价值等方面进行评判。这就要求教练员、运动员在创编成套动作时，不仅要有足够数量的难度动作，还要给人以美的享受，表现美的形象，让美的动作和旋律得以充分展示，从而感染观众和裁判。

实践练习篇

第四章　队列队形练习

一、队列与队形的起源

队列的产生起初是为作战服务的，因此队列的产生起源于战争，且与战争中的战术紧密相连。早在冷兵器时代，在以长矛大刀为武器的两军对垒中，队列就得到了广泛的运用。古代所谓的“阵”就是军队的战斗队形，也是现代意义上队列动作的雏形。在当时，队列训练的目的就是为了组成协调周密的“阵”，以此更有效地消灭敌人。然而随着武器装备的不断更新与发展，作战方式也发生了根本的变化。进入热兵器时代以后，队列才从战术中逐渐被分离出来，而军队训练中的实战部分则转化为战术训练，非实战部分便逐渐转化为类似现在的队列训练，并且有了自身特有的作用。而队形则是在队列的基础上演练而来的。

二、队列与队形的相关概念

队列即组成练习队伍的行列。队列练习是指练习者按照一定的队形做协同一致的动作，并严格按照《中国人民解放军队列条令》进行的操练。它是体操教学的重点内容，也是体育教学的一项重要内容。队列练习不仅能培养组织纪律性、集体主义精神以及团结严谨的作风，还能够改善练习者的精神面貌和培养个人气质。

队形即队伍的形状。队形练习是在队列练习的基础上进行的各种队形和图形的变化。它是各种赛事、文化活动及团体操的基本内容。在体育教学中，有目的地进行各种队形的变化和图形组合，可以培养学生辨别方向、位置和图形造型的能力，并可起到集中学生注意力和提高练习积极性的教学目的。

从概念上来说，队列练习与队形练习是有区别的，但在实际的运用中两者往往又是不可分割的。队列动作是队形练习的基础，没有协同一致的队列动作就不可能进行各种队形和图形的变化；同时队列动作也要以一定的队形为前提。换言之，进行队列动作练习时，是在一定的队形中完成的，进行队形练习时，则又必须运用队列动作来完成。由此可见，两者在学校体育教学中是相辅相成密不可分的。

三、队列队形练习的内容与分类(表 4-1)

表 4-1 队列队形练习内容与分类

队列练习	原地队列动作	常用动作	立正、跨立、稍息、整齐、报数、集合、解散、蹲下、起立
		转法	向左转、向右转、向后转、半面向左(右)转
		队列变换	一列横队变二列横队及还原
			一列横队变三列横队及还原
			二列横队变三列横队及还原
			一路纵队变二路纵队及还原
			一列横队变二路纵队及还原
	行进间队列动作	步法及其互换	向前、后、左、右移步
			便步走、踏步走、齐步走、正步走、跑步走、立定
			齐步与正步互换、齐步与跑步互换、踏步与齐步、跑步互换
		转法	齐步、跑步向左(右)转走；齐步、跑步向后转走
		方向变换	横队方向变换
			纵队方向变换
		队列变换	一列横队变二列横队及还原
			一路纵队变二路纵队及还原
队形练习	图形行进	直线	绕场行进、错肩行进
		斜线	对角线行进、交叉行进、三角形行进
		曲线	蛇形行进、圆形行进、“8”字形行进、螺旋形行进
	队形变化		并队走、裂队走、分队走、合队走、一路纵队变多路纵队及还原
	散开与靠拢	间距	要求间隔、距离的各种散开与靠拢
		梯形	梯形散开与靠拢
		弧形	弧形散开与靠拢

四、队列队形练习方法

(一)队列练习

1. 原地常用动作

1)立正

立正是军人的基本姿势，是队列动作的基础，也是培养学生正确身体姿势的基本动作和标准。立正动作正确与否，不仅直接关系到队列动作操练的质量和掌握体育动作技术的程度，而且对促进青少年身体的正常发育，形成正确的身体姿势，表现朝气蓬勃的精神面貌具有十分重要的意义。

口令：立正！

要领：两脚跟靠拢并齐，两脚尖向外分开约 60°；两腿挺直；小腹微收，自然挺胸；上体正直，微向前倾；两肩要平，稍向后张；两臂下垂自然伸直，手指并拢自然微曲，拇指尖贴于食指第二节，中指贴于裤缝；头要正，颈要直，口要闭，下颌微收，两眼向前平视。

立正动作要领可以归纳为：三挺、两收、两平。

2)跨立

口令：跨立！

要领：左脚向左跨出约一脚之长，两腿挺直，上体保持立正姿势，身体重心落于两脚之间；两手后背，左手握右手腕，拇指根部与外腰带下沿(内腰带上沿)同高；右手手指并拢自然弯曲，手心向后。

3)稍息

口令：稍息！

要领：左脚顺脚尖方向伸出约全脚的三分之二，两腿自然伸直，上体保持立正姿势，身体重心大部分落于右脚。稍息过久，可以自行换脚。

稍息动作要领可以归纳为：移、提、伸。

4)整齐

整齐，是使列队人员按照规定的间隔、距离，保持行、列平齐的一种队列动作。整齐分为向右(左)看齐和向中看齐。

口令：向右(左)看——齐！向前——看！

要领：基准学生不动，其他学生向右(左)转头，眼睛看右(左)邻学生腮部。前四名能通视基准生，自第五名起，以能通视到本人以右(左)第三人为度，迅速用碎步调整位置。后列人员，先向前对正，后向右(左)看齐。听到“向前——看”的口令，迅速将头转正，恢复立正姿势。

口令：以×××为准，向中看——齐！向前——看！

要领：当指挥员指定“以×××为准(或者以第×名为准)”时，基准生答“到”，同时左手握拳高举，大臂前伸与肩略平，小臂垂直举起，拳心向右。听到“向中看——齐”的口令后，其他学生按照向左(右)看齐的要领实施；听到“向前——看”的口令后，基准生迅速将手放下，其他学生迅速将头转正，恢复立正姿势。

一路纵队看齐时，可以下达“向前——对正”的口令。

要求：在保持立正姿势基础上转头要迅速，调整位置要快，左右应保持 10 cm(或一拳)的间隔，前后应保持 75 cm(或一臂)的距离(小学低年级学生做看齐动作，不容易掌握彼此之间的间隔和距离，通常采取两臂前举或叉腰的方法)；看齐时不要弯腰、低头或抬头。

5)报数

口令：报数！

要领：横队从右至左(纵队由前向后)依次以短促洪亮的声音转头(纵队向左转头)报数，最后一名不转头。数列横队时，后列最后一名报“满伍”或者“缺×名”。

在教学中通常有按序数和指数报数两种。所谓序数报数，即按 1、2、3……的顺序报数；指数报数就是按照指定的1～2、1～3、1～4……要求进行报数。采用何种方式应根据组织教学的需要来决定。序数报数是为了检查或了解全班或各组的人数；指数报数是根据分组教学或散开的需要。

6)集合

集合，是使个体、小组、班队按照规范队形聚集起来的一种队列动作。

口令：成一(×)列横队——集合！成一(×)路纵队——集合！

要领：教师先发出预告或信号，如“全体(或某组)注意”或“哨声”，学生则原地面向教师成立正姿势，然后教师站在预定队形中央前，面向预定队形成立正姿势并下达口令，学生听到口令后，迅速跑向集合地点(凡是在教师侧后的学生均应从教师右侧绕过)。横队集合时，第一列排头站在教师的左前方适当位置成立正姿势，其他学生以排头为准，依次向左排列并自行看齐；后列以基准(第一)列为准，依次向后重叠成多列横队并自行对正看齐。纵队集合时，排头站在教师正前方适当位置成立正姿势，其他学生以排头为准依次向后排列，自行对正。多路集合时，第一路排头站在教师右前方适当位置成立正姿势，其余各路以基准(第一)路为准，依次向右排列成多路纵队，自行看齐对正。

集合要求：动作迅速，一律用跑步。到达预定位置先立定，然后转正方向再对正看齐。迟到的学生，在看齐完毕之前不喊“报告”直接入列；如果已下达了“向前看”口令，应在距离队伍适当位置成立正姿势并喊“报告”，指挥员下达“入列”口令后补到排尾或听从指挥员口令进入自己位置。在体育教学中，根据学生水平和组织教学的需要，亦可按矮个儿在右(前)高个儿在左(后)排列，同时指挥员左臂侧举、右手握拳侧上举或右臂前上举以助示意集合的队形。

7)解散

口令：解散！

要领：全体学生迅速离开原位。

8)蹲下

口令：蹲下！

要领：右脚后退半步，前脚掌着地，臀部坐在右脚跟上(膝盖不着地)，两腿分开约60°，手指自然并拢放在两膝上，上体保持正直。蹲下过久，可以自行换脚。

9)起立

口令：起立！

要领：全身协力迅速起立，右脚靠左脚成立正姿势。

2. 原地转法

1)向右(左)转

口令：向右(左)——转！

要领：以右(左)脚跟为轴，右(左)脚跟和左(右)脚掌前部同时用力，使身体协调一致向右(左)转90°，体重落在右(左)脚，左(右)脚取捷径迅速靠拢右(左)脚成立正姿势。转动和靠脚时，两腿挺直，上体保持立正姿势。

2)向后转

口令：向后——转！

要领：按照向右转的要领向后转180°。

3)半面向右(左)——转

口令：半面向右(左)——转！

要领：半面向右(左)转，按照向右(左)转的要领转45°。

原地转法要求做到：两快一停顿，体稳方向正，中指贴裤缝，靠脚裆夹紧。

3. 原地队列变换

1)一列横队变二列横队

口令：成二列横队——走！

要领：变换前先报数。听到口令后单数学生不动，双数学生左脚退后一步，右脚经左脚右跨一步，左脚靠拢右脚站到单数学生后面自行对正看齐。

2)二列横队变一列横队

口令：成一列横队——走！

要领：变换前如间隔不够应先间隔一步散开。听到口令后，双数(后列)学生左脚左跨一步，右脚经左脚向前一步，左脚靠拢右脚站到单数学生左侧自行看齐。

3)一列横队变三列横队

口令：成三列横队——走！

要领：变换前先“1～3”报数。听到口令后2数学生不动，1数学生右脚向前一步，左脚经右脚左跨一步，右脚靠拢左脚站到2数学生前面，3数学生左脚退后一步，右脚经左脚右跨一步，左脚靠拢右脚站到2数学生后面自行对正看齐。

4)三列横队变一列横队

口令：成一列横队——走！

要领：变换前如间隔不够应先间隔两步散开。听到口令后，2数(第二列)学生不动，1数(前列)学生右脚向右一步，左脚经右脚退后一步，右脚靠拢左脚站到2数学生右侧，3数(后列)学生左脚左跨一步，右脚经左脚向前一步，左脚靠拢右脚站到2数学生左侧自行看齐。

5)二列横队变三列横队

口令：成三列横队——走！

要领：变换前先调整前后两列之间的距离为两步，“1～3”报数。听到口令后1、3数学生不动，前列2数学生右脚向右后退一大步，左脚靠拢右脚站到1数学生之间，同时后列2数学生左脚向左前一大步，右脚靠拢左脚站到3数学生之间自行对正看齐。

6)三列横队变二列横队

口令：成二列横队——走！

要领：变换前先调整1和3之间的间隔为一步。听到口令后1、3数学生不动，2数学生用与原动作相反的方向、顺序完成动作，站到本列1和3之间自行对正看齐。

7)一路纵队变二路纵队

口令：成二路纵队——走！

要领：变换前先报数。听到口令后单数学生不动，双数学生右脚右跨一步，左脚经右脚向前一步，右脚靠拢左脚站到单数学生右侧自行对正看齐。

8)二路纵队变一路纵队

口令：成一路纵队——走！

要领：变换前如距离不够应先距离一步散开。听到口令后，双数学生右脚退后一步，左脚经右脚左跨一步，右脚靠拢左脚站到单数学生后面自行对正看齐。

9)一路纵队变三路纵队

口令：成三路纵队——走！

要领：变换前先“1～3”报数。听到口令后 2 数学生不动，1 数学生左脚向左一步，右脚经左脚后退一步，左脚靠拢右脚站到 2 数学生左侧，同时 3 数学生右脚跨向右一步，左脚经右脚向前一步，右脚靠拢左脚站到 2 数学生右侧自行对正看齐。

10)三路纵队变一路纵队

口令：成一路纵队——走！

要领：变换前如距离不够应先距离三步散开。听到口令后，按照变成三路纵队时动作相反的方向、顺序完成动作，自行对正看齐。

11)一列横队变二路纵队

口令：向右转成二路纵队——走！

要领：变换前先报数。听到口令后，全队向右转，随即按一路纵队变二路纵队的要领实施成二路纵队。

12)二路纵队变一列横队

口令：向左转成一列横队——走！

要领：变换前如距离不够应先距离一步散开。听到口令后，全队向左转，随即按二列横队变一列横队的要领实施成一列横队。

4. 行进间步法及互换

行进的基本步法分为齐步、正步和跑步；辅助步法分为移步、便步、踏步。

1)齐步

齐步是行进的常用步法。

口令：齐步——走！

要领：左脚向正前方迈出约 75 cm，按照先脚跟后脚掌的顺序着地，同时身体重心前移，右脚照此法动作；上体正直，微向前倾；手指轻轻握拢，拇指贴于食指第二节；两臂前后自然摆动，向前摆臂时，肘部弯曲，小臂自然向里合，手心向内稍向下，拇指根部对正衣扣线，并与第 5 衣扣同高，离身体约 30 cm；向后摆臂时，手臂自然伸直，手腕前侧距裤缝线约 30 cm。行进速度每分钟 116～122 步。

齐步走要求做到：走直线、身体稳、摆臂自然。

2)正步

正步主要用于运动会开幕式和其他礼节性场合。

口令：正步——走！

要领：左脚向正前方踢出约 75 cm(腿要绷直，脚尖下压，脚掌与地面平行，离地面约 25 cm)，适当用力使全脚掌着地，同时身体重心前移，右脚照此法动作；上体正直，微向前倾；手指轻轻握拢，拇指伸直贴于食指第二节；向前摆臂时，肘部弯曲，小臂略成水平，手心向内稍向下，手腕下沿摆到第三、四衣扣之间，离身体约 10 cm；向后摆臂时(左手心向右，右手心向左)，手腕前侧距裤缝线约 30 cm。行进速度每分钟 110～116 步。

动作要领可归纳为：踢、蹦、摆、跟。

3)跑步

跑步主要用于快速行进。

口令：跑步——走!

要领：听到预令，两手迅速握拳(四指蜷握，拇指贴于食指第一关节和中指第二节)，提到腰际，约与腰带同高，拳心向内，肘部稍向里合。听到动令，上体微向前倾，两腿微弯，同时左脚利用右脚掌的蹬力跃出约 85 cm，前脚掌先着地，身体重心前移，右脚照此法动作；两臂前后自然摆动，向前摆臂时，大臂略垂直，肘部贴于腰际，小臂略平，稍向里合，两拳内侧各距衣扣线约 5 cm；向后摆臂时，拳贴于腰际。行进速度每分钟 170~180 步。

动作要领可归纳为：握拳快提起，屈腿倾上体；前脚掌着地，弹跃交替行；摆臂两不露，前摆臂略平；立定四节拍，靠脚同放手。

4)移步(5 步以内)

移步用于调整队列位置。

①右(左)跨步。

口令：右(左)跨×步——走!

要领：上体保持正直，每跨一步并脚一次，其步幅约与肩同宽，跨到指定步数停止。

②向前、后移步。

口令：向前×步——走！后退×步——走!

要领：向前移步时，应当按照单数步要领进行(双数步变为单数步)。向前一步时，用正步，不摆臂；向前三步、五步时，按照齐步走的要领进行。向后退步时，从左脚开始，每退一步靠脚一次，不摆臂，退到指定步数停止。

5)便步

便步用于队伍变换位置、操练后恢复体力及其他场合。

口令：便步——走!

要领：用适当的步速、步幅行进，两臂自然摆动，上体保持良好姿态。

6)踏步

踏步用于调整步伐和整齐。

停止间口令：踏步——走!

行进间口令：踏步!

要领：两脚在原地上下起落(抬起时，脚尖自然下垂，离地面约 15 cm；落下时，前脚掌先着地)，上体保持正直，两臂按照齐步或者跑步摆臂的要领摆动

7)立定

口令：立——定!

要领：齐步、正步时，听到口令，左脚再向前大半步着地(脚尖向外约 30°)，两腿挺直，右脚取捷径迅速靠拢左脚，成立正姿势。跑步时，听到口令，再跑 2 步，然后左脚向前大半步(两拳收于腰际，停止摆动)着地，右脚取捷径靠拢左脚，同时将手放下，成立正姿势。踏步时，听到口令，左脚踏 1 步，右脚靠拢左脚，原地成立正姿势(跑步的踏步，听到口令，继续踏 2 步，再按照上述要领进行)。

8)步法互换

步法变换，均从左脚开始。

①齐步、正步互换。

口令：正步——走！齐步——走！

要领：听到口令，右脚继续走一步，即换正步或者齐步行进。

在分列式中，中令为“向右——看！”和“向前——看！”，口令的动令要拖音，听到口令后，全体练习者齐呼1—！2—！即换正步或者齐步行进。

②齐步换跑步。

口令：跑步——走！

要领：听到预令，两手迅速握拳提到腰际，两臂前后自然摆动；听到动令，即换跑步行进。

③跑步换齐步。

口令：齐步——走！

要领：听到口令，继续跑两步，然后换齐步行进。

④齐步换踏步。

口令：踏步！

要领：听到口令，即换踏步。

⑤跑步换踏步。

口令：踏步！

要领：听到口令，继续跑两步，然后换踏步。

⑥踏步换齐步或者跑步。

口令：前进！

要领：听到口令，继续踏两步，再换齐步或者跑步行进。

5. 行进间转法

1)齐步、跑步向右(左)转

口令：向右(左)转——走！

要领：左(右)脚向前半步(跑步时，继续跑两步，再向前半步)，脚尖向右(左)约45°，身体向右(左)转90°时，左(右)脚不转动，同时出右(左)脚按照原步法向新方向行进。

半面向右(左)转走，按照向右(左)转走的要领转45°。

2)齐步、跑步向后转

口令：向后转——走！

要领：左脚向右脚前迈出约半步(跑步时，继续跑两步，再向前半步)，脚尖向右约45°，以两脚的前脚掌为轴，向后转180°，出左脚按照原步法向新方向行进。

行进间转法要求做到：向前半步不要过大，转动时，保持行进时的节奏，两臂自然摆动，不得外张；两腿自然挺直，上体保持正直。转体、出脚、摆臂动作要一致。

6. 方向变换

方向变换，是改变队列面对的方向的一种队列动作。

1)横队方向变换

停止间，通常是左(右)转弯或者左(右)后转弯。

停止间口令：左(右)转弯，齐(跑)步——走！或者左(右)后转弯，齐(跑)步——走！

行进间口令：左(右)转弯——走！或者左(右)后转弯——走！

要领：一列横队方向变换时，轴翼学生踏步，并逐渐向左(右)转动；外翼第一名学生用大步行进并同相邻学生动作协调，逐步变换方向(愈接近轴翼者，其步幅愈小)，其他学生用眼睛的余光向外翼取齐，并保持规定的间隔和排面整齐，转到90°或者180°时踏步并取齐，听口令前进或者停止。

数列横队方向变换时，第一列轴翼学生停止间用踏步、行进间用小步，外翼学生用大步行进，保持排面整齐，边行进边变换方向，转到90°或者180°后，听口令前进或者停止；后续各列按照上述要领，保持间隔、距离，取捷径进到前一列转弯处，转向新方向跟进。

2)纵队方向变换

停止间，通常是左(右)转弯，或者左(右)后转弯。

停止间口令：左(右)转弯，齐(跑)步——走！或者左(右)后转弯，齐(跑)步——走！

行进间口令：左(右)转弯——走！或者左(右)后转弯——走！

要领：一路纵队方向变换，基准学生在左(右)转弯时，按照单个行进间转法(停止间，左转弯走时，左脚先向前一步)的要领实施；在左(右)后转弯时，用小步边行进边变换方向，转到90°或者180°后，照直前进；其他学生逐次进到基准学生的转弯处，转向新方向跟进。

数路纵队方向变换时，按照数列横队方向变换的要领实施。

7. 行进间队列变换

1)一列横队变二列横队

口令：成二列横队——走！

要领：听到动令，单数学生继续前进，双数学生原地踏两步，第三步进到单数学生后面，并随之前进。

2)二列横队变一列横队

口令：成一列横队——走！

要领：先调整左右两步的间隔。听到动令，单数学生原地踏两步，同时双数学生左脚左跨一步，右脚经左脚向前一步进到单数学生左侧，随即全体继续前进。

3)一路纵队变二路纵队

口令：成二路纵队——走！

要领：听到动令，基准学生以小步行进，双数学生出右脚，取捷径进到单数学生右侧，取好规定的间隔、距离，仍以小步行进，直至听到“立定”或“前进”(恢复原步法行进)时为止。

4)二路纵队变一路纵队

口令：成一路纵队——走！

要领：听到动令，左路基准学生继续前进，其余学生则以小步行进，待左路学生前后加大到适当距离后右路学生依次向左插到单数学生后面，取好距离恢复原步法继续前进。

(二)队形练习

1. 图形行进

图形行进就其与场地边线的关系来讲，可分为直线、斜线和曲线三种方向的行进，并且在这三种方向上各可做出不同的图形行进。

(1)直线行进：队伍沿边线或与边线平行地行进。

①绕场行进(图 4-1)。

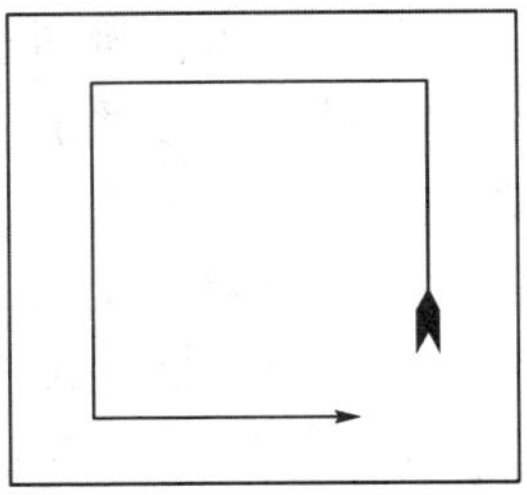

图 4-1 绕场行进

口令：绕场——走！

要领：全队在规定的场地内沿线行进，每到一角，排头自行转弯。

要求：经转弯处尽量保持直角，不能抄捷径走成弧形造成队伍拥挤。必要时可在转弯处放置标记物让队伍绕过。

②错肩行进：相遇的各路纵队的对走。

口令：从右(左)边——走！

要领：两路迎面相遇时，各靠右(左)边走过，彼此互错右肩，间隔为一步。以从右边走为例(图 4-2)。

口令：一路隔一路从右(左)边——走！

要领：各路参差隔开从右(左)边走过。以从右边走为例(图 4-3)。

口令：从里(外)边——走！

要领：两个二路纵队迎面时，被指定的一个二路纵队从对面二路纵队的中间(外边)走过。以被指定的右边一个二路纵队从里边走为例(图 4-4)。

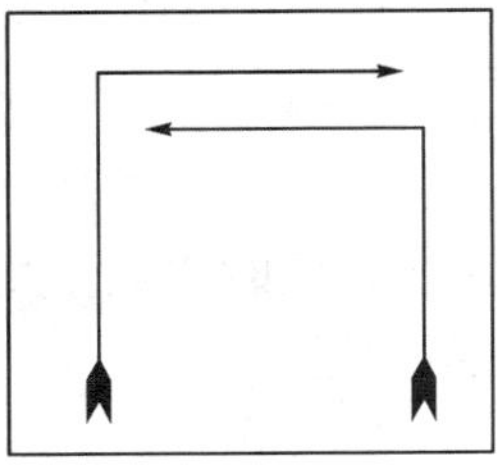

图 4-2 从右边走

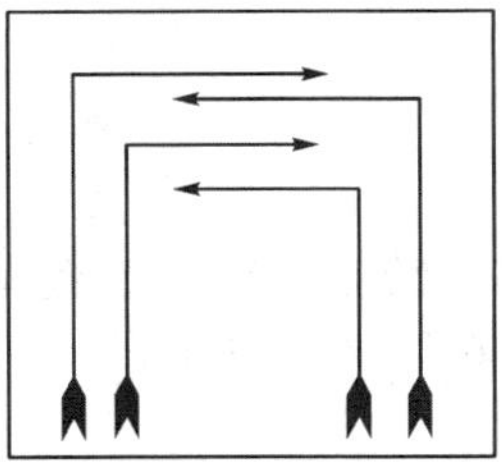

图 4-3 一路隔一路，从右边走

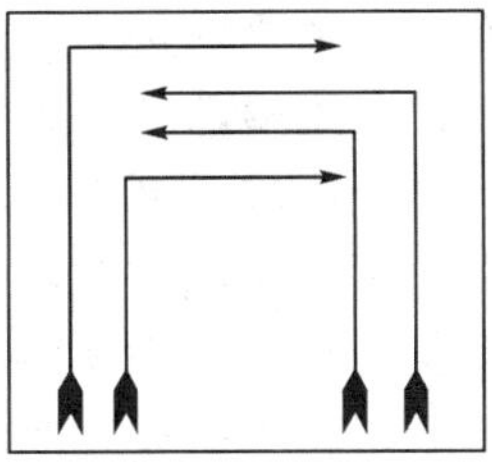

图 4-4 从里边走

(2)斜线行进：沿着与边线成一定角度的行进。

①对角线行进(图 4-5)。

口令：沿对角线——走！

要领：听到口令后，排头带领由一角向相对的一角行进。

②交叉行进(图 4-6)。

口令：交叉——走！

要领：听到口令后，两队同时做对角线行进，相遇时依次交叉穿过中点(一般是单数队在前)。

③三角形行进(图 4-7)。

口令：成三角形——走！

要领：一路纵队绕场行进，当排头走近某一场角时发出口令，听到动令后，排头带领向另一边线的中点行进，到达该中点后，再转向另一场角成三角形行进。

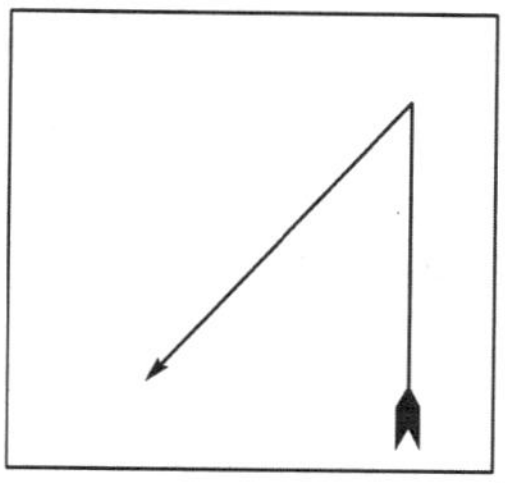

图 4-5　对角线行进

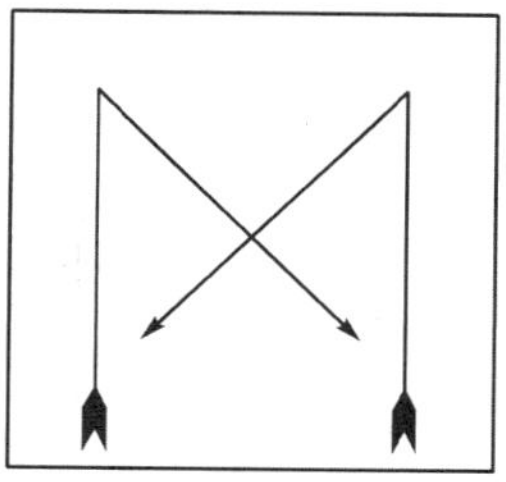

图 4-6　交叉行进

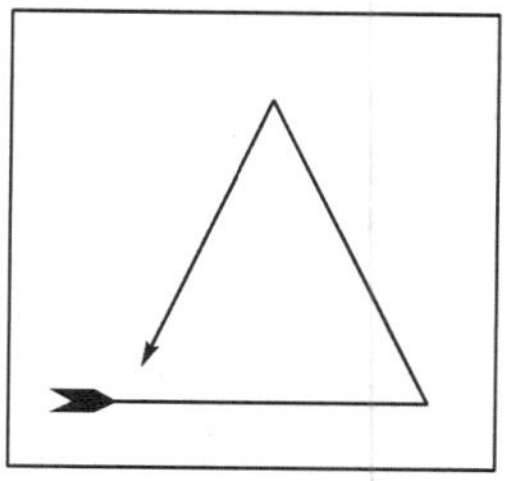

图 4-7　三角形行进

(3)曲线行进。

①蛇形行进(图 4-8)。

口令：成蛇形——走！

要领：听到口令后，排头带领左(右)后转弯行进一定距离后，再右(左)后转弯，以此循环来回行进两次以上。

②圆形行进(图 4-9)。

口令：成圆形——走！

要领：听到口令后，排头带领循圆周路线走成圆形。

③“8”字形行进(图 4-10)。

口令：成“8”字形——走！

要领：听到口令后，排头带领按“8”字形沿弧线走两个相连的圆形，排头遇队身时依次交叉通过。

图 4-8　蛇形行进

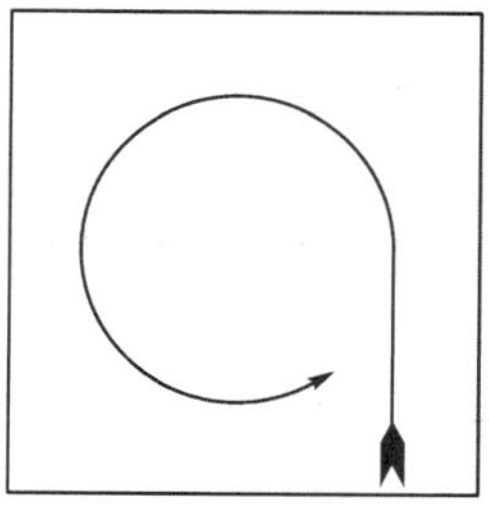

图 4-9　圆形行进

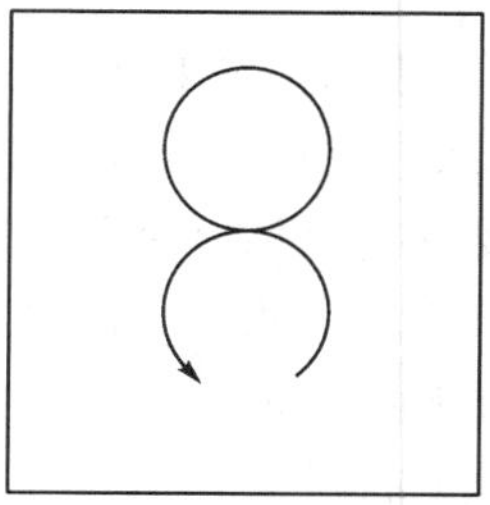

图 4-10　“8”字形行进

④螺旋形行进。

口令：成开(闭)口螺旋形——走！

要领：成开口螺旋形走时，一路纵队行进，听到口令后，排头带领循圆周向内做螺旋形行进(注意保持两步左右的间隔)到场地中心，排头自行向右后转弯，由内向外成螺旋形走出，其他学生要依次经过场地中心跟随排头走出(图 4-11)；成闭口螺旋形走时，当排头行进至场地中心时，教师应发出“立定！”和“向后——转！”口令，由原排尾带领按指示方向行进(图 4-12)。

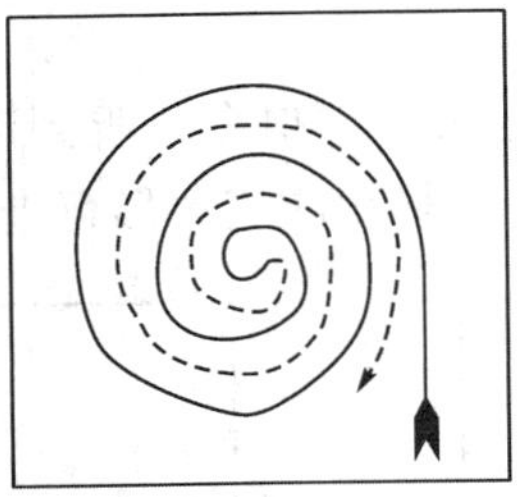

图 4-11 开口螺旋形行进

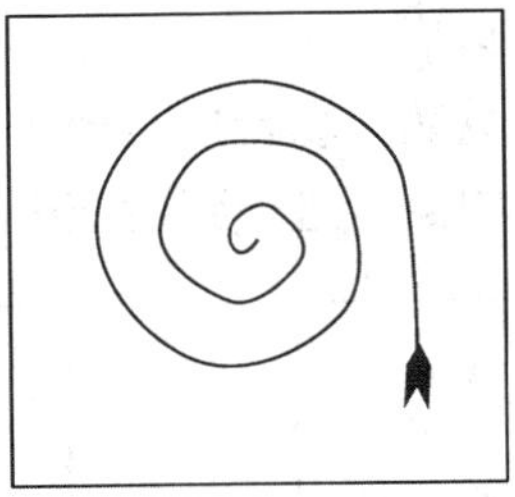

图 4-12 闭口螺旋形行进

2. 队形变化

1)分队走(图 4-13)、合队走(图 4-14)

口令：分队——走!

要领：听到口令后，单数左转弯走，双数右转弯走。

口令：合队——走!

要领：在两个纵队接近迎面相遇时，听到口令后，单数左转弯走，双数右转弯走并依次插入单数后面成一路纵队行进。

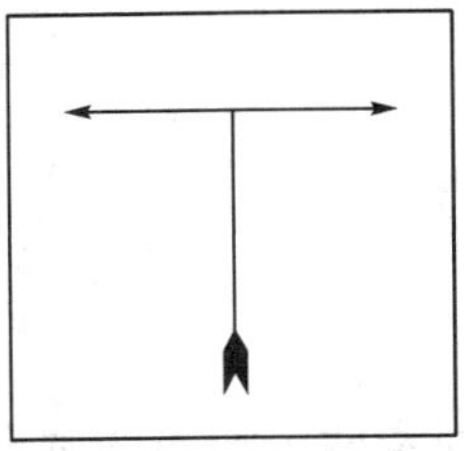

图 4-13 分队走

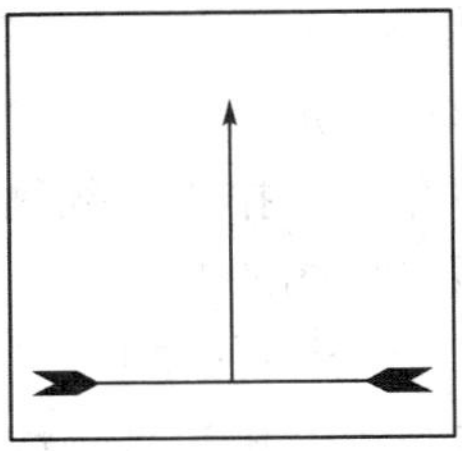

图 4-14 合队走

2)裂队走(图 4-15)、并队走(图 4-16)

口令：裂队——走!

要领：听到口令后，左路左转弯走，右路右转弯走。

口令：并队——走!

要领：在两个纵队接近迎面相遇时，听到口令后，左路左转弯走，右路右转弯走成并列纵队行进。

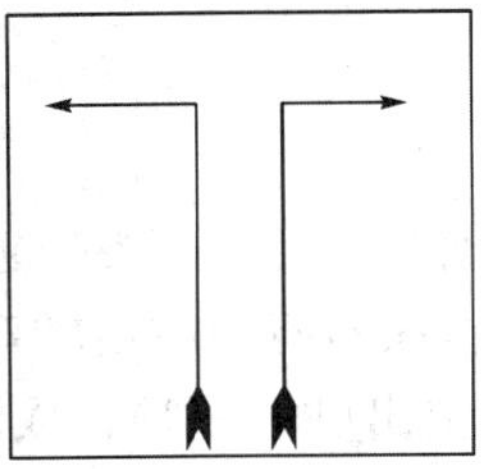

图 4-15 裂队走

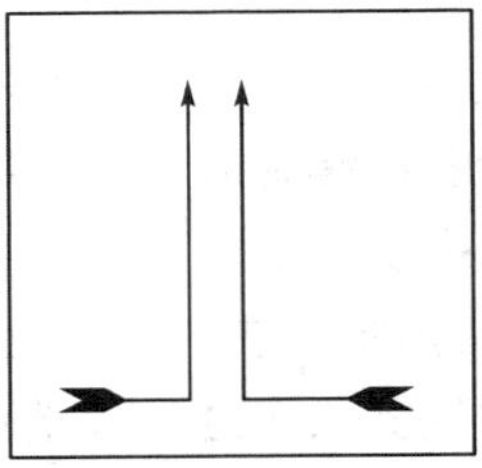

图 4-16 并队走

3)一路纵队变多路纵队(图 4-17)及还原(图 4-18)(以一路纵队变四路纵队及还原为例)

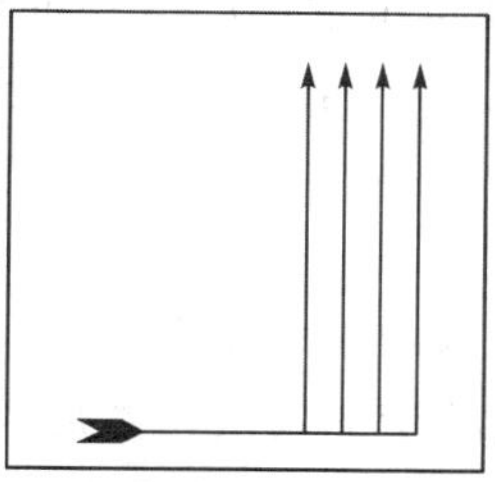

图 4-17　一路纵队变四路纵队

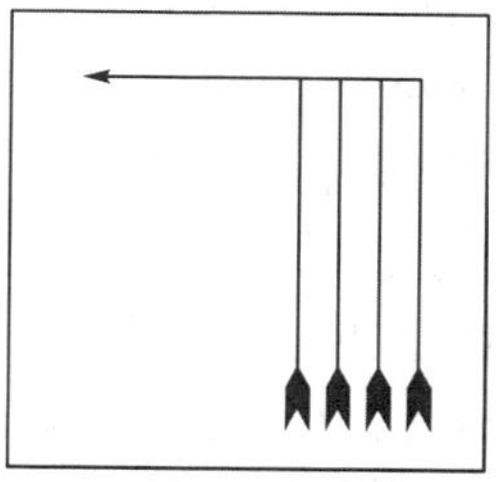

图 4-18　四路纵队变一路纵队

口令：成四路纵队，向左转——走!

要领：一路纵队行进，听到动令后，前四名学生同时向左转走(小步行进)，后四名学生走到同一地点时也同时向左转走，依次跟随前进；还原时，听到动令后，各路排头同时向左转走(大步行进)，后面的学生依次行进至同一地点，同时向左转走。

3. 散开与靠拢

散开和靠拢是用各种步法和动作所做的多种疏散和密集的方法，它主要用于准备活动的操练，以及某些项目内容的组织教学。在做准备活动时，根据队伍所处的场地位置来指定基准学生，视其练习动作和轻器械等需要，确定散开的间隔与距离。总之，要以安全和便于学生完成动作为原则，散开和靠拢时要求动作准确、迅速，队形整齐。

1)间隔两臂、距离两步散开与靠拢

口令：以×××为基准，间隔两臂，距离两步——散开!

以×××为基准，向中看——齐!

要领：基准学生不动其余学生迅速散开至预定位置，并取好间隔、距离对正看齐后成立正姿势。靠拢时基准学生不动，其余学生迅速向基准学生靠拢，自行对正看齐成立正姿势。

2)横队梯形散开与靠拢(以一列横队散开成四列梯形横队为例)(图 4-19)

口令：成四列梯形——散开!

要领：先进行“1、3、5、7”报数。听到口令后，学生按 7、5、3、1 的先后顺序，依次每间隔两步向前走完自己报数的步数，同时立定成散开后的四列梯形横队。听到“靠拢!”口令后，全体向后转，按照散开的方法向前走步靠拢，同时立定向后转成一列横队。

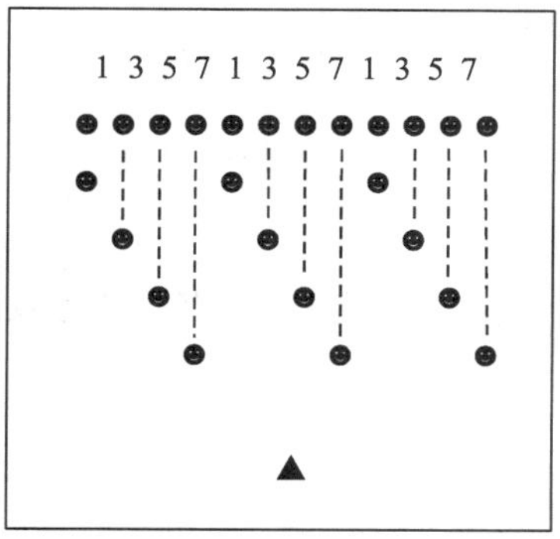

图 4-19　横队梯形散开

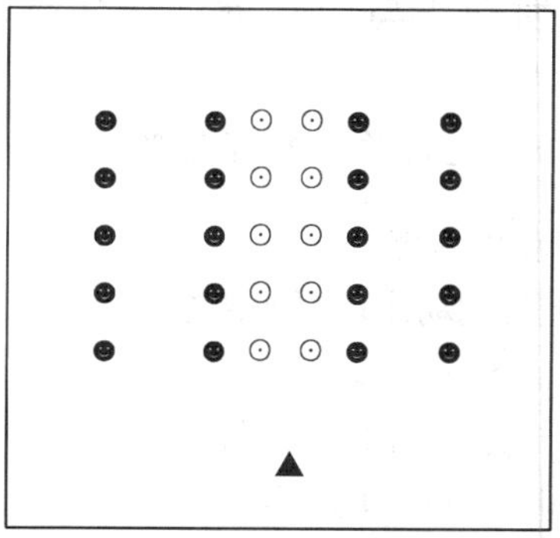

图 4-20　弧形散开

3)弧形散开与靠拢(以四路纵队为例)(图 4-20)

口令：间隔两步向前弧形——散开！向中弧形——靠拢!

要领：如距离不够，先要间隔两步散开。听到口令后，1、4 路学生不动，2、3 路学生 1~6 拍分别经前向外沿弧线绕过临近路学生走至规定位置，7~8 拍向后转自行对正看齐成散开队形。听到“向中弧形——靠拢！”口令，2、3 路学生按照散开的方法向中走回原处再向后转自行对正看齐。

4)依次散开与靠拢

口令：向前向左依次——散开！以第十列排头为基准——靠拢！

要领：首先各路由前向后“10 至 1”报数，明确特定的列次；然后再由右至左报数，明确每人的序数。听到散开的口令后，从第十列(前列)开始用齐步或正步前进。每列起动依次相差两步，各列走的步数为列数的 2 倍减 1(如第十列即 10×2－1＝19)。向前同时走完规定的步数后立定，全体向左转。再以各排尾开始向新的方向前进。步数为每人所报序数的 2 倍减 1。走完后立定，全体向右转，即成散开队形(图 4-21)。当下达靠拢口令后，全体转向基准学生，并用跑步迅速靠拢即还原成原队形。

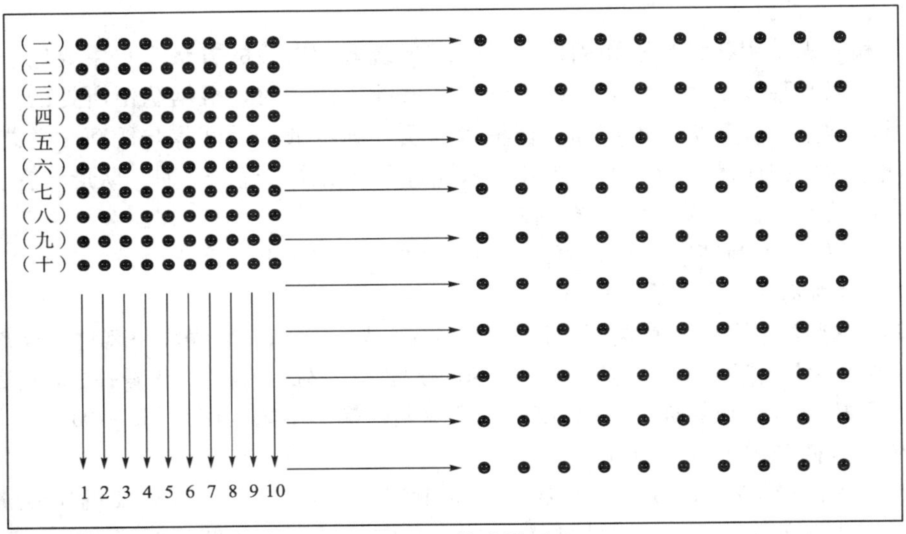

图 4-21 依次散开

五、队列操作与口令指挥综合练习

(一)规定动作、顺序及路线

1. 动作内容

原地常用动作；原地转法；原地队列变换；方向变换；行进间转法；各种步法及其互换。

2. 练习方式及要求

(1)自己喊口令自己操作练习。

(2)1 人指挥 9 人操作练习。

3. 具体动作及口令顺序如下

(1)整队集合(全体注意，成一列横队——集合！)。

(2)一列横队变三列横队(1~3 报数！成三列横队——走！)。

(3)跨立!

指挥员向右转，跑步至报告点立定，向左(或右)转，向裁判长报告(报告裁判长，××××级×班×××队列指挥准备完毕，请指示!)。裁判长回答“开始”后，指挥员回答“是”。指挥员再向左(或右)转，跑步至指挥点立定，向后转，开始口令指挥。

(4)立正!

(5)踏步变齐步(原地踏步——走！前进!)。

(6)行进间转法(向左转——走！向左转——走！向后转——走！向右转——走！向右转——走！向后转——走!)。

(7)左转弯——走!

(8)齐步与正步互换(向右——看！向前——看!)。

(9)左转弯——走!

(10)齐步变跑步(跑步——走!)。

(11)左转弯——走!

(12)跑步变齐步(齐步——走!)。

(13)齐步变跑步(跑步——走!)。

(14)跑步立定(立——定!)。

(15)向左——转!

(16)跨立!

指挥员口令指挥完毕后，跑步至报告点立定，向左(或右)转，向裁判长报告(报告裁判长，××××级×班×××队列指挥完毕，请指示!)。裁判长回答“解散”后，指挥员回答“是”。指挥员向左(或右)转，跑步至集合点(或队伍正前方)立定，向后转。

(17)立正!

(18)解散!

4. 场地及示意图：一个篮球场(图 4-22)

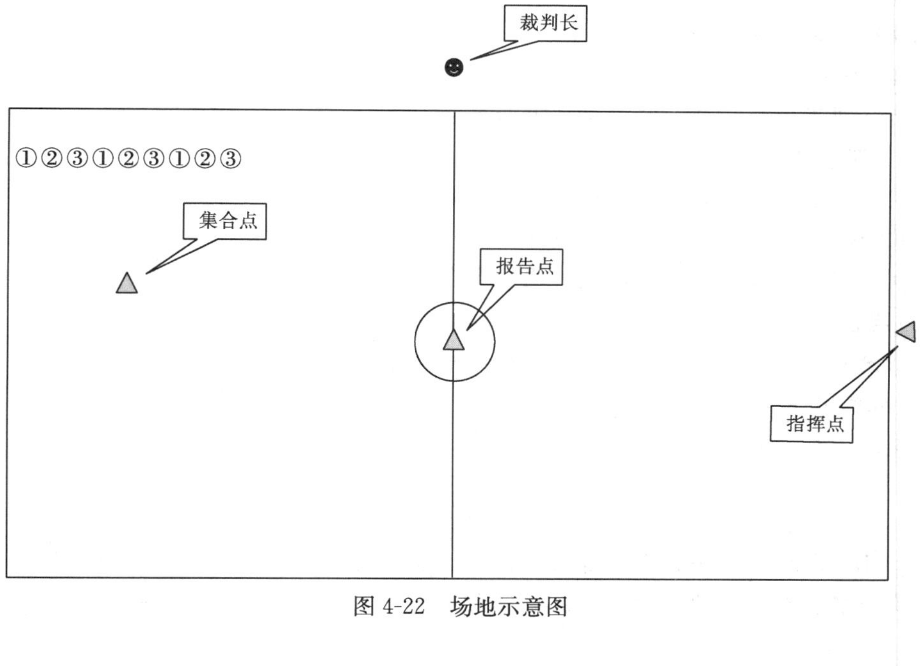

图 4-22 场地示意图

附件 4-1

队列操作与指挥考试评分标准

1. 个人操作部分(25 分)

(1)原地动作(10 分)：包括立正、向左转、向右转、向后转、移步。

小错扣 1 分(稍显松懈)。

中错扣 2 分(头不正、腰不直、腿不挺、较松懈、脚尖开度不够)。

大错扣 3 分(头不正、腰不直、腿不挺、较松懈、手型不正确、脚尖开度小于 30°)。

严重错误扣 5 分(立正脚跟没并拢，原地转法没靠脚，向后转时自左向后，重心明显不稳)。

(2)跑步走及立定(10 分)。

小错扣 1 分(动作交代清楚，但动作不够干脆，稍显松懈)。

中错扣 2 分(动作基本交代清楚、摆臂不够正确，上体不够直，动作无力)。

大错扣 3 分(立定节奏差，收臂和靠脚放手动作不协调，动作疲软无力度)。

严重错误扣 5 分(先出右脚，立定靠脚放手明显脱节，靠脚明显失去重心)。

(3)报告(5 分)。

节奏稍差扣 1 分。

节奏较差，吐词不够清楚扣 2 分。

节奏差，吐词不清，无停顿扣 3 分。

2. 队列指挥部分(55 分)

(1)整队、踏步、前进口令(10 分)。

①整队、踏步口令共 5 分(主要根据下达口令的节奏进行评分，最多扣 3 分)。

②前进口令 5 分(发在左脚扣 5 分)。

(2)行进间转发口令(15 分)。

按实际错误次数扣分，每错误一次扣 5 分。

(3)齐步、正步互换(10 分)。

按实际错误次数扣分，每错误一次扣 5 分。

(4)齐步、跑步互换及立定(20 分)。

按实际错误次数扣分，每错误一次扣 5 分。

(5)调整口令。

本身没有分值，但喊错要按实际错误次数扣分，每错误一次扣 5 分。

(6)队伍出线。

本身没有分值，但要按队伍实际出线次数扣分，每出线一次扣 1 分。

3. 总体印象(20 分)

总体印象包括声音的洪亮度、精神面貌、熟练性和流畅性。

声音小、精神面貌差、个人操作大错和口令错误共 4 次及以上，扣 11～15 分。

声音一般、精神面貌一般、个人操作大错和口令错误共 3 次，扣 9～10 分。

声音较大、精神面貌较好、个人操作大错和口令错误共2次，扣7~8分。

声音大、精神面貌好、个人操作大错和口令错误共1次，扣5~6分。

声音很好、精神面貌很好、个人操作和口令均无明显错误，扣3~4分。

声音、精神面貌特好，很有“霸气”，操作和口令均无错误，扣1~2分。

附件4-2

表4-2　队列操作与指挥评分记录表

评分内容 / 姓名	个人操作部分(25分)			队列指挥部分(55分)				精神面貌(20分)	最后得分
	原地动作(10分)	跑步及立定(10分)	报告(5分)	集合解散前进(10分)	行进间转法(15分)	齐正互换(10分)	齐跑互换及立定(20分)		

监考人员签字：____________　　　　年　　月　日

(二)规定动作，自编路线和顺序

1. 动作内容

集合(立正，稍息，向右看齐，向前看，报数)；原地向左、右、后转；原地一列横队变二列横队及互换；一路纵队变二路纵队及互换；齐步走及立定；跑步走及立定；跑步与齐步互换；行进间向左、右、后转走；行进间裂队、并队、分队、合队走；行进间左(右)转弯走；图形行进之直线、斜线、曲线行进各至少一种。

2. 练习方式及要求

(1)1人指挥10人操作练习。

(2)自行设计路线顺序，尽量避免重复使用口令，从起始位置开始，到起始位置结束。

(3)动作内容可自主编排，应充分利用指定场地，避免偏场。在完成指定内容前提下，可增加内容以提高精彩程度。

(4)时间：3 min以内。

(5)场地：半个篮球场大小。

第五章　徒手体操练习

徒手体操是基本体操的主要内容之一，是以徒手形式进行的身体练习，它是由身体各个部位进行的各种不同类型动作所组成的单个、单节或成套动作。它根据人体各部位的特点，有节奏地依据一定的程序，由举、摆、振、屈、伸、踢、蹲、跳、转、弓步、绕、绕环、绕旋、立、蹲、跪、撑、坐、卧、倾等一系列徒手动作完成各种不同动作姿态的基本练习。在众多的体育项目中，徒手体操是最贴近于大众群体，最容易得到普及和推广的体操内容之一，是各级各类学校体育教学和训练的重要内容，被广泛应用于课上、课间和课外活动。广播体操、生产体操、医疗体操以及团体操也广泛采用了徒手体操。

一、徒手体操的特点及练习价值

徒手体操的特点是内容丰富，形式多样，节奏感强，组合多变，对象广泛，易于普及，操作简便，实效显著。练习者可根据自身的性别、年龄、体力状况、锻炼基础、练习目的，以及场地、器材、气候条件等选择练习的内容，确定练习的形式和练习的运动负荷等。

徒手体操练习，能培养人的正确姿态，矫正不良形态，促进身体正常发育；有利于发展身体的灵活性、协调性和柔韧性；能改善中枢神经系统对肌肉的支配和控制能力，增强内脏器官的功能和肌肉力量。同时，徒手体操还可作为各种体育运动项目的热身练习和辅助练习内容，提高运动能力，有效地减少和预防运动损伤。在一定程度上还可以有效地减缓衰老、振奋精神、舒筋活络、愉悦身心、增强体质，全面提高身体健康水平，提高工作效率。

二、徒手体操的内容分类

徒手体操根据运动的形式可分为定位徒手操和行进间徒手操。定位徒手操是指在原地或固定位置进行练习；行进间徒手操是指下肢有节奏地迈进，其他身体部位配合完成动作的练习。

根据练习的形式可分为单人动作、双人动作和集体动作。

（一）单人动作

按人体解剖特征和运动部位，通常分为头颈动作、上肢动作、下肢动作、躯干动作和全身动作。其动作类型有举、摆、振、屈、伸、踢、蹲、跳、转、弓步、绕、绕环、绕旋、立、跪、撑、坐、卧、倾等(表 5-1)。

表 5-1　身体各部位常用的基本动作

基本动作 身体部位 / 动作类型	头颈	上肢	下肢	躯干	全身
举		前、上、侧、后举；侧上、侧下、前上、前下、后下、前侧举；前侧上、前侧下、后侧上、后侧下斜举	前、侧、后举；前下、侧下举		
摆		前、后、侧、上、内、外、弧形摆	前、后、左、右、内、外、弧形摆等		
振		前、侧、后、上振		前、后、侧振	
屈	前、后、侧屈	肩上、肩侧、腰侧、胸前屈等	前、后、侧屈	前、后、侧屈	
伸		前、后、侧、上伸等	前、后、侧伸等		
踢			前、后、侧、异侧踢等		
蹲			半蹲、全蹲		
跳			单、双脚跳		
转	左、右转			左、右转	
弓步			前、后、侧弓步		
绕	左、右绕	前、后、左、右、内、外绕	前、后、左、右、内、外绕	左、右绕	
绕环		前、后、左、右、内、外绕环			
绕旋	左、右绕旋	左、右绕旋	左、右绕旋	左、右绕旋	
立					直立、开立、点地立、起踵立、跪立
撑					俯撑、仰撑、侧撑、蹲撑、跪撑、坐撑、屈体立撑等
坐					并腿坐、分腿坐、屈腿坐、直角坐、跪坐
卧					俯卧、仰卧、侧卧
倾				前、后、左、右倾	

(二)双人动作

双人动作是指在单人动作的基础上，两人互相协调配合下共同进行的身体练习。它不是单人动作的简单重复，而是要充分利用两人的条件，通过互相协作、互相借助、互相对抗等手段达到锻炼身体的目的。根据用力性质的特点，可将双人动作划分为助力性动作、协同性动作和对抗性动作。

(1)助力性动作：一人帮助另一人做动作，如帮助拉肩(图 5-1)、搬腿(图 5-2)、体前屈(图 5-3)等。

图 5-1　帮助拉肩

图 5-2　帮助搬腿

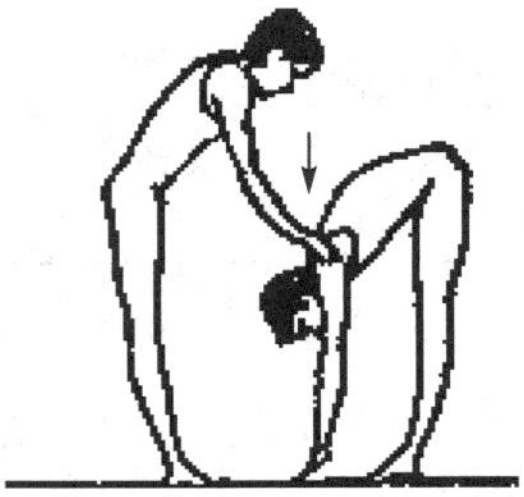

图 5-3　帮助体前屈

(2)协同性动作：两人互相借助或依附配合用力同时做动作。例如，两人面对面分腿立，两手互扶肩，上体前屈压肩(图 5-4)；两人侧对站立，两手互握，外侧弓步练习上体侧屈(图 5-5)。

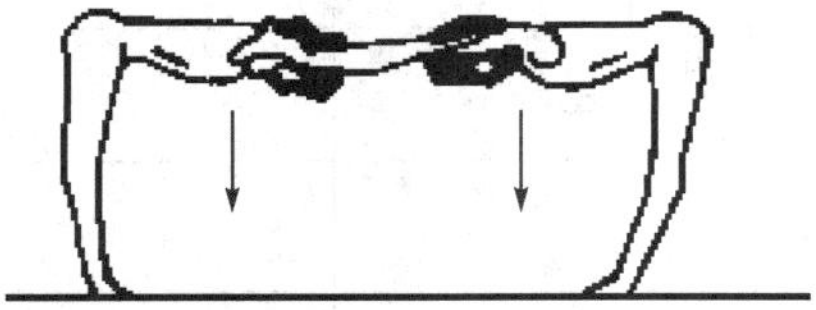

图 5-4　协同压肩

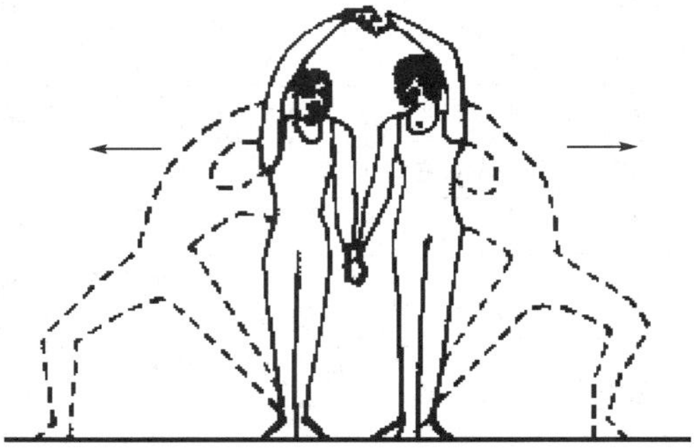

图 5-5　协同侧拉肩

(3)对抗性动作：两人互相对抗用力做动作，如互推(图 5-6)、互拉(图 5-7)。

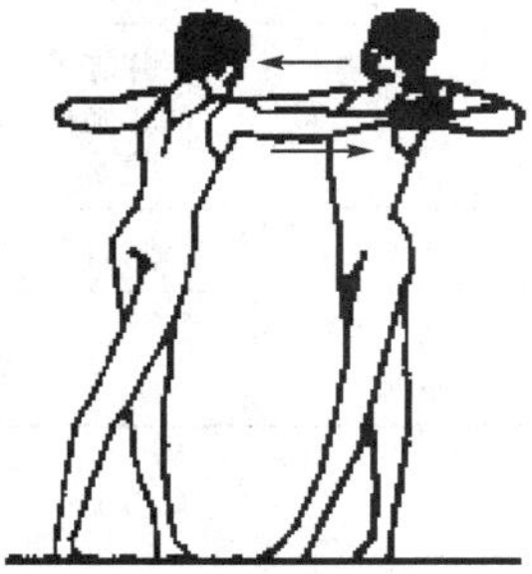

图 5-6　对抗互推

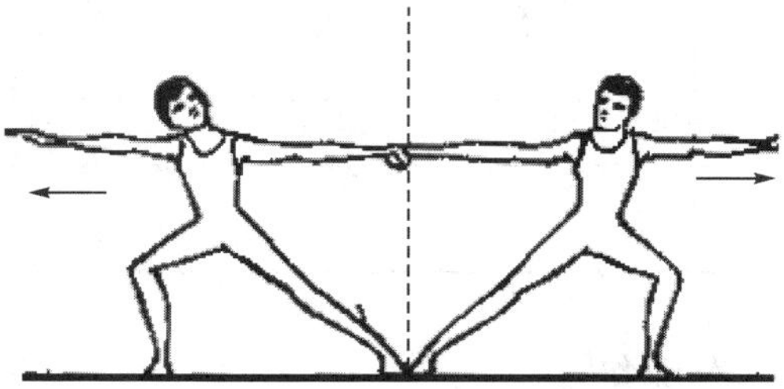

图 5-7　对抗互拉

(三)集体动作

集体动作是在单人和双人动作的基础上，由多人相互配合进行的身体练习。如集体手互握成圆形面向圆心，前进成前弓步做臂上举体后屈，后退成直立臂后举，体前屈等。

三、成套徒手体操范例

(一)第九套广播体操

(2011年8月8日公布)

预备节：原地踏步(2×8拍)(图5-8)

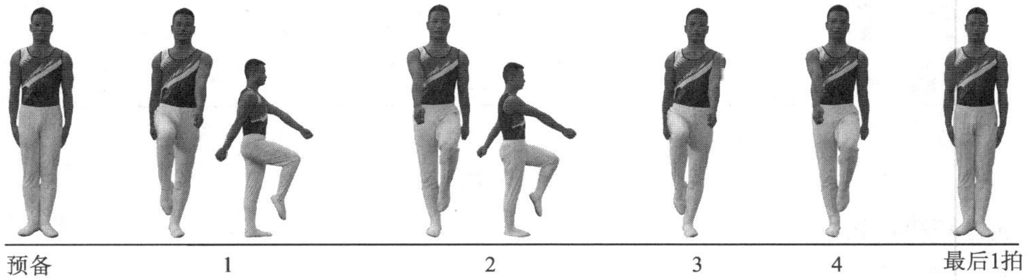

图5-8　原地踏步

预备姿势：直立

第一个8拍：

左脚开始做8拍踏步，两臂前后摆动。

第二个8拍：

同第一个8拍，最后1拍还原成直立。

练习要求：挺胸，拔背，头保持正直。

第一节　伸展运动(4×8拍)(图5-9)

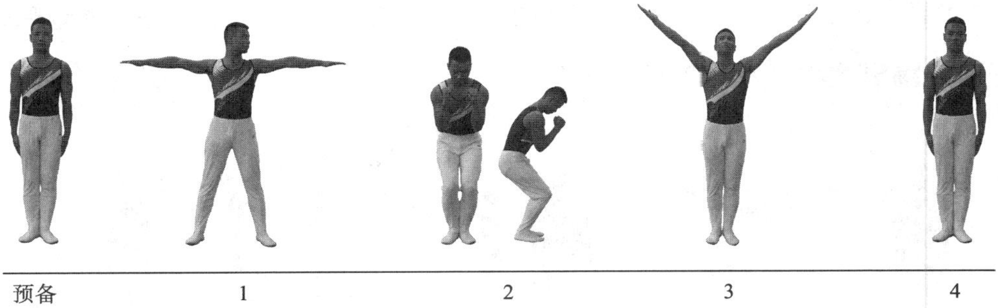

图5-9　伸展运动

预备姿势：直立

第一个8拍：

1— 左脚侧出一步与肩同宽，同时两臂侧举(掌心向下)，头左转90°。

2— 右脚并于左脚屈膝半蹲，同时两臂胸前立屈(拳心相对)，低头含胸。

3— 两腿伸直，同时两臂伸直至侧上举(掌心相对)，抬头眼看前上方。

4— 两臂经侧还原成直立。

5～8 动作同 1～4，但方向相反。

第 2、3、4 个 8 拍：同第一个 8 拍。

练习要求：第 3、7 拍充分伸展，还原时经侧还原。

第二节 扩胸运动(4×8 拍)(图 5-10)

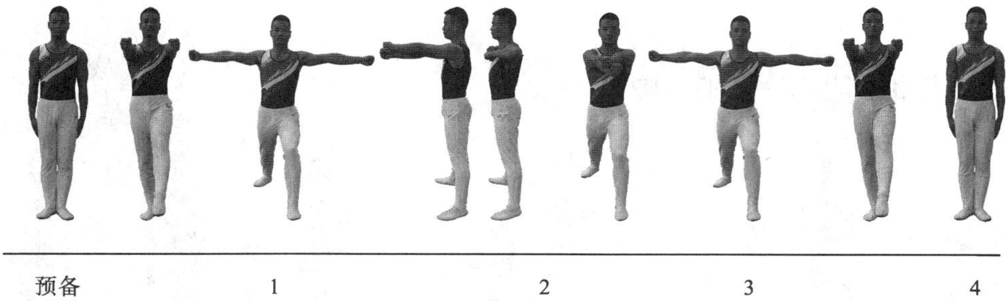

图 5-10 扩胸运动

预备姿势：直立

第一个八拍：

1— 左脚向前一步成左弓步，同时两臂经前(握拳，拳心相对)至侧举后振扩胸一次(拳心向前)。

2— 两腿伸直以前脚掌为轴右转 90°，同时两臂经前交叉(左臂在上)至胸前平屈后振扩胸一次(拳心向下)。

3— 两脚以前脚掌为轴左转 90°成弓步，同时两臂伸直经前交叉(左臂在上)至侧举后振扩胸一次(拳心向前)。

4— 左脚收回成直立，同时两臂经前(拳心相对)还原。

5～8 动作同 1～4，但方向相反。

第 2、3、4 个 8 拍：同第一个 8 拍。

练习要求：弓步时前弓后蹦，扩胸要有弹性，两臂保持与肩同高，每一拍都要经前。

第三节 踢腿运动(4×8 拍)(图 5-11)

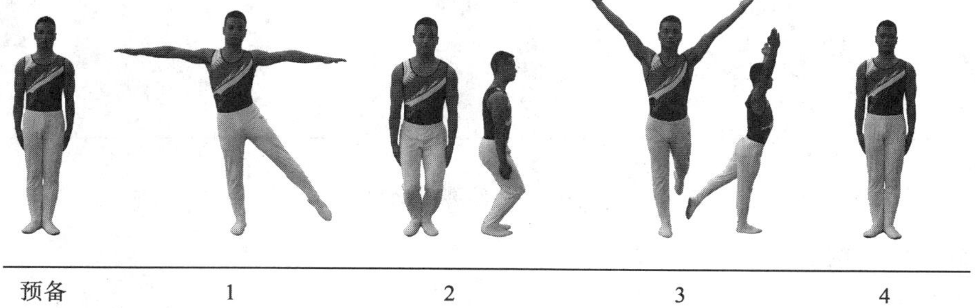

图 5-11 踢腿运动

预备姿势：直立

第一个 8 拍：

1— 左腿侧踢约 45°，同时两臂侧举(掌心向下)。

2— 左腿并于右脚屈膝半蹲，同时两臂还原至体侧。

3— 左腿向后踢起离地 10～20 cm，同时两臂经前摆至侧上举(掌心相对)。

4—还原成直立。

5～8 动作同 1～4，但方向相反。

第 2、3、4 个 8 拍：同第一个 8 拍。

练习要求：腿伸直，后踢时保持上体正直，收腹立腰梗头。

第四节　体侧运动(4×8 拍)(图 5-12)

图 5-12　体侧运动

预备姿势：直立

第一个八拍：

1— 左脚向侧一步比肩稍宽，同时左臂侧举(掌心向下)，右臂胸前平屈(掌心向下)。

2— 左手叉腰(虎口向上)，右臂由下经侧摆至上举(掌心向内)，同时上体向左侧屈约 45°。

3— 左脚并于右脚成半蹲，同时左臂经摆至上举(掌心向内)，右臂经侧还原于体侧。

4— 两腿伸直成直立，同时左臂经侧还原。

5～8 动作同 1～4，但方向相反。

第 2、3、4 个 8 拍：同第一个 8 拍。

练习要求：第 2、6 拍手臂要由下经侧摆至上举，第 3、7 拍两臂必须经侧，并保持伸直。

第五节　体转运动(4×8 拍)(图 5-13)

图 5-13　体转运动

预备姿势：直立

第一个 8 拍：

1— 左脚向侧一步比肩稍宽，同时两臂侧举(掌心向下)。

2— 双手胸前击掌两次，同时上体左转 90°。

3— 两臂伸直至侧上举(掌心相对)，同时上体右转 180°。

4— 左脚并右脚成直立，同时上体左转 90°，两臂经体侧还原。

5～8 动作同 1～4，但方向相反。

第 2、3、4 个 8 拍：同第一个 8 拍。

练习要求：上体转动时脚跟不能转动，并保持收腹立腰，第 4、8 拍两臂经侧还原。

第六节　全身运动(4×8 拍)(图 5-14)

图 5-14　全身运动

预备姿势：直立

第一个 8 拍：

1— 左脚向侧一步比肩稍宽，同时两臂经侧摆至头上交叉(左臂在前)，掌心向前，抬头看手。

2— 两臂经侧摆至体前交叉(左臂在前)，同时上体前屈(掌心向后)。

3— 左脚并右脚屈膝全蹲，同时两手扶膝(肘关节向外，手指相对,)眼看前下方。

4— 两腿伸直还原成直立。

5～8 动作同 1～4，但方向相反。

第 2、3、4 个 8 拍：同第一个 8 拍。

练习要求：两臂伸直以肩为轴摆动，体前屈时两腿保持伸直，手指尖尽量触地，全蹲时脚跟不能离地。

第七节　跳跃运动(4×8 拍)(图 5-15)

图 5-15　跳跃运动

预备姿势：直立

第一个 8 拍：

1— 跳成左脚在前的小弓步，同时双手叉腰(虎口向上)。

2— 跳成并立(稍屈膝)，双手叉腰。

3— 跳成右脚在前的小弓步，双手叉腰(虎口向上)。

4— 跳成并立，同时两臂还原至体侧。

5— 跳成分腿立(稍屈膝)，同时两臂侧举(掌心向下)。

6— 跳成并立，同时两臂还原至体侧。

7~8 动作同 5~6。

第 2、3、4 个 8 拍：同第一个 8 拍。

练习要求：跳起轻松自然有弹性，落地注意缓冲。

第八节　整理运动(2×8 拍)(图 5-16)

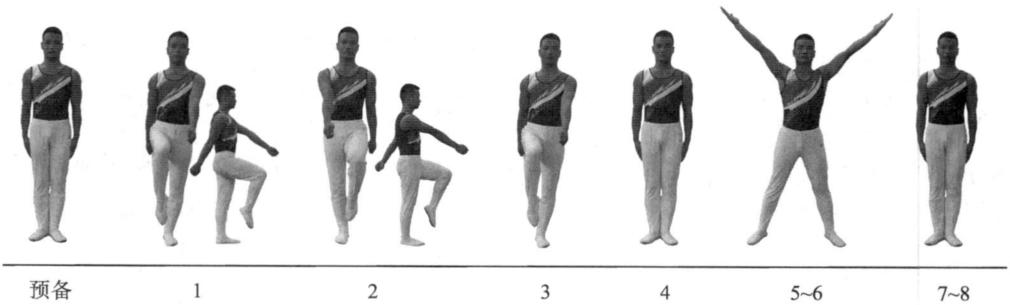

图 5-16　整理运动

预备姿势：直立

第一个 8 拍：

1~4 左脚开始原地踏步，第 4 拍还原成直立。

5~6 左脚向侧一步与肩同宽，同时两臂经侧至侧上举(掌心相对)，抬头眼看前上方。

7~8 左脚收回成直立，同时两臂经侧还原。

第二个 8 拍：同第一个 8 拍，但方向相反(先踏右脚)。

练习要求：动作放松，呼吸自然。

(二)第九套广播体操口令与示范考试评分标准

1. 动作完成(85 分)

预备节 5 分，第一节至第八节各 10 分。根据手型规范性、手位准确性、姿态控制好坏、动作幅度大小等情况进行减分。预备节减分标准见表 5-2，第一至八节减分标准见表 5-3。

表 5-2 预备节减分标准

减分类型	标准
动作稍显松懈	减 1 分
动作松懈，手臂摆幅较小，脚掌离地高度不够	减 2 分
手臂摆动无控制，脚掌离地小于 10 cm	减 3 分

表 5-3 第一至第八节减分标准

节次	减 1 分	减 2 分	减 3 分	减 5 分
第一节 伸展运动	动作稍显松懈	屈肘、肩角及手臂位置偏离 10°以内	屈肘、肩角及手臂位置偏离 15°～30°以内	屈肘、肩角及手臂位置偏离 30°以上
第二节 扩胸运动		弓步时后腿弯曲、侧举、胸前平屈偏离 10°以内 拳心方向不正确	弓步时后腿弯曲、侧举、胸前平屈偏离 15°～30°以内 经前举不够 扩胸无弹性	弓步时后腿弯、侧举、胸前平屈偏离 30°以上 没有经前举 弓步时后脚跟离地
第三节 踢腿运动		屈肘、肩角及手臂位置偏离 10°以内	屈肘、肩角及手臂位置偏离 15°～30°以内 侧踢和后踢时屈膝、勾脚	屈肘、肩角及手臂位置偏离 30°以上 侧踢和后踢时严重屈膝、勾脚
第四节 体侧运动		屈肘、肩角、上体侧屈及手臂位置偏离 10°以内	屈肘、肩角、上体侧屈及手臂位置偏离 15°～30°以内	屈肘、肩角、上体侧屈及手臂位置偏离 30°以上 手臂明显没有经侧
第五节 体转运动		屈肘、肩角及手臂位置偏离 10°以内	屈肘、肩角及手臂位置偏离 15°～30°以内 第 4、8 拍没有经侧还原	屈肘、肩角及手臂位置偏离 30°以上 转体时脚跟离地
第六节 全身运动		屈肘、肩角偏离 10°以内	屈肘、肩角偏离 15°～30°以内	屈肘、肩角偏离 30°以上 体前屈时屈膝 全蹲时脚跟离地
第七节 跳跃运动		屈肘、手臂位置偏离 10°以内	屈肘、手臂位置偏离 15°～30°以内 跳跃无弹性	屈肘、手臂位置偏离 30°以上
第八节 整理运动		屈肘、手臂位置偏离 10°以内	屈肘、手臂位置偏离 15°～30°以内 手臂摆动无控制，脚掌离地小于 10 cm	屈肘、手臂位置偏离 30°以上

2. 声音、节奏及示范面(10 分)

根据声音的洪亮度、口令的节奏感、示范面运用的情况进行减分。减分标准见表 5-4。

表 5-4 减分标准

减分类型	标准
声音较大、节奏较好、示范面运用无失误	减 1～2 分
声音小、节奏一般	减 3～4 分
声音偏小、节奏差	减 5～6 分
示范面运用失误每次	减 2 分

3. 精神面貌(5 分)

根据完成动作时的精、气、神及面部表情进行减分，最多减 3 分。

(三)徒手体操口令与示范考试评分记录表

表 5-5 徒手体操口令与示范考试评分记录表

评分内容 姓名	第一节(10分)	第二节(10分)	第三节(10分)	第四节(10分)	第五节(10分)	第六节(10分)	第七节(10分)	第八节(10分)	口令声音节奏(10分)	精神面貌(10分)	最后得分

监考人员签字：________________ 年 月 日

四、影响徒手体操动作效果的因素

正确地掌握和运用影响徒手体操动作效果的各种因素，可以改变动作的做法和难易程度，合理安排运动量，有选择地锻炼身体的某些部位，收到更好的练习效果。

1. 身体姿势

身体姿势是指做动作时身体形态的外部表现。它包括开始姿势、动作过程中的姿势和结束姿势。做任何一个动作时身体姿势的改变及正确与否，都直接影响动作的难易程度和锻炼效果。例如，做体前屈动作时，两臂上举比侧举对腹背肌肉的作用大；两腿伸直比两腿弯曲的难度要大，并且能起到拉长大腿后部肌肉和韧带的目的，后者的姿势不正确，完成动作虽然容易，但达不到预期的锻炼效果。

2. 动作方向

动作方向是指动作经过一定的路线所指向的目标。若动作方向不同，则影响的肌肉群也不同。例如，体前屈主要作用于腰背和大腿后部的肌肉群，而体后屈主要影响胸腹肌肉群；上体左(右)侧屈主要拉长右(左)侧肌肉群；正压腿是拉长大腿前后肌肉群和韧带，而侧压腿则是拉长大腿内侧肌肉群和韧带。因此，正确地运用动作方向，就可以全面地锻炼或有选择性地锻炼身体的某些部位。

3. 动作路线

动作路线是指做动作时，身体或身体的某些部位运动的轨迹。例如，要完成两臂上举，可采用不同的路线来做。可经前至上举，也可经侧至上举，还可以绕环一周半至上举等等。因此，采用各种不同动作路线的变化练习，可有效地培养协调能力和提高练习兴趣，对神经系统的协调性要求更高，更能集中练习者的注意力，激发练习者的积极性。

4. 动作幅度

动作幅度是指做动作时身体或身体某部位移动距离的大小，它直接影响动作的运动量和难易。例如，踢腿运动向前踢腿至肩水平比向前踢腿至腰水平幅度大；直腿前踢比屈腿前踢幅度大；直臂扩胸比屈臂扩胸幅度大。幅度大，肌肉付出的力量也就越大，对人体的影响也越大。因此，选择不同幅度的动作，是改变动作难易程度和调节运动量的有效方法之一。

5. 动作速度

动作速度是指在单位时间内身体或身体某部位移动的距离。在单位时间内移动的距离越长或同一段距离所用的时间越短，则速度越快。例如，用一拍的时间做两臂上举比两臂前举移动的距离长，故速度快，肌肉工作强度大。因此，练习中常用变化动作速度的方法来调节运动量。

6. 动作频率

动作频率是指在单位时间内动作重复的次数。例如，在两拍的时间内，臂向前绕环两周比绕环一周的动作频率快一倍；又如四拍中做一次体前屈和做三次体前屈，重复次数不同，肌肉的负荷量也不一样，对身体的影响就不一样。因此，变化动作频率是调节运动负荷强度的方法之一。

7. 动作节奏

动作节奏是指动作的强弱和快慢均匀地、周期性地交替。动作节奏合理，可使肌肉紧张与放松交替进行，防止或延缓疲劳的出现，提高肌肉的工作效率，有利于动作的掌握。例如，两臂向前绕环动作，可先做两臂后摆、两臂前摆，接着做两臂向前绕环。这样一张一弛交替进行，可提高肩带肌肉群的工作效率。

总之，上述影响动作效果的 7 个因素是普遍存在的，虽然各个因素的意义和主要作用有所区别，但在实际运用中，它们是相互联系、相互影响的。一个因素的改变将会引起其他因素的变化。因此，在创编动作时，根据情况可选择以某一因素为主或多因素综合运用。

五、徒手体操创编

(一)创编原则

徒手体操的动作变化多样，涉及全身各个部位。根据这一特点，它可以被创编成不同特色的单个、单节或成套动作，以适应各种不同对象的需求。创编成套动作，必须遵循一定的原则。

1. 目的性原则

根据锻炼目的和任务的不同选择动作内容，做到有的放矢，才能收到良好效果。如广播体操，其目的在于增强广大人民群众的体质，提高健康水平，所以应选择能为群众普遍接受的、简单易学、锻炼价值高的动作。作为体育课准备活动的徒手操，应选编能充分活动身体各部位和大肌肉群、逐步提高身体机能水平的动作，并结合基本部分的内容做好准备。如果目的任务是参加比赛的徒手操时，应在符合比赛规程和相关规则的基础上充分发挥本队的优势，以独特、新颖，具有一定难度的动作来组成一套动作；如课的主要内容是技巧项目，就要加强头颈和手腕的活动；如是支撑跳跃动作，就应加强手腕和下肢的活动，并可做由俯撑至蹲撑的诱导性练习，这样才能更好地完成任务，达到目的。

2. 针对性原则

由于对象的年龄、性别、身体条件、训练水平、场地、气候等条件不同，选择动作要因人而异、因地制宜。如创编儿童徒手操时，应选择那些活泼轻快、模仿性强、简单易学的动作，要注意加强腹、背、肩带和大腿后部肌群的练习，以培养正确的身体姿势；创编老年徒手操时，则应选择动作简单、幅度小、速率慢、起伏不大的动作；创编青年徒手操时，则应选择那些刚健有力、富有朝气、幅度大、变化多、有一定难度的动作；创编女子徒手操时，则应选择一些优美柔和、美观大方、协调性、节奏和韵律感强的动作；创编康复体操时，则应根据患者或体弱者的实际需要选择动作内容：如要恢复上肢功能，全套应以上肢各类型动作为主组成；要恢复下肢或躯干功能，应以下肢或躯干各类型动作为主组成；针对心脏病患者，不宜选择强度大的动作，而选择四肢的摆动和伸展动作等。这种有针对性的创编方法又被称为“运动处方”。

创编岗位生产体操，应根据岗位工作性质去选择动作。对长时间紧张工作的部位，应选择一些放松性动作；对长时间不活动或少活动的部位，应选择幅度较大的动作；对长时间屈、缩的部位，应选择伸展性的动作；对缺少上肢活动的人，要多选上肢动作；对缺少下肢活动的人，要多选下肢动作；对长时间坐着的人要多选全身性运动。

另外，还要注意针对气候条件。天太冷，机体发热需要的时间较长，就应选择一些活动量较大的动作，并增加重复次数，缩短间隔时间，尽量使身体得到充分活动。

3. 科学性原则

创编一套徒手体操应科学地安排运动负荷，全面锻炼身体。

1)全面锻炼身体

从人体部位来说应包括头颈、上肢、下肢、躯干以及全身动作；从动作方向来说应包括前、后、左、右、上、下的动作；从身体素质来说应包括发展肌肉的力量、身体的协调性、关节的灵活性和柔韧性等动作。为合理地选择和组合这些内容，应做到：①上肢和下肢结合。要注意以某一部位为主，如踢腿运动是以下肢活动为主，辅以上肢的配合。②腹部和背部结合。腹、背肌肉群具有维持人体正常姿势，支持腹内脏器和调节腹内压的作用。③动力性和静力性结合。要注意以动力性动作为主。④紧张与放松相结合。要注意使肌肉工作和休息合理交替。

2)合理安排运动负荷

整套动作的运动负荷应符合人体机能活动的规律，做到由简到繁、由浅入深、由小到大、由慢到快、由弱到强逐步增加运动量。整套动作通常是以离心脏较远、运动量较小的头颈及上、下肢运动开始，中间则是胸部、体侧、体转和腹背运动，随后才是较剧烈的全身运动和跳跃运动，最后以整理和放松运动结束。如果是体育课的准备活动，整理运动则应待课结束时再进行。

一套操一般由八至十节组成。每节动作的重复次数应根据对象、任务和需要来确定，一般为 4×8 拍，单剧烈的跳跃运动一般是 2×8 拍。

4. 创新性原则

徒手体操的动作内容十分丰富，尤其是创编体育课的准备活动，不仅要从实际出发，还要根据不同的要求创造性地选择动作。要合理地利用影响动作效果的七大因素，不断变化和更新动作内容，创编出新颖、独具特色的动作，才能激发学生练习的积极性，提高锻炼效果。同时也要力求朴实大方，切合实际，有实用价值，动作本身和动作之间的连接要自然流畅，身体各部位的动作配合要协调，动作的难度要适合练习者的水平，但不要单纯追求花样、变化过分频繁，以免华而不实，影响练习效果。

（二）创编方法

徒手体操动作创编的基础是单人徒手体操动作，它是以身体各部位完成各种类型动作为核心，再加上影响动作效果的七个因素的各种变化，创编出千姿百态、丰富多彩的单节或成套动作。通常采用的方法归纳总结为以下几种。

1. 组合创意法

组合创意法是指将身体各个部位、各种类型的动作进行组合的方法，其基本组合形式主要有两种：

1）身体同一部位的组合变化

身体的同一部位是指上肢的两臂和下肢的两腿，它们所做的相同类型和不同类型动作以及在七个因素方面的组合变化。

①身体同一部位相同类型动作的组合与变化。以两臂同时做举的动作为例，若变化动作方向，则可做左臂前举、右臂侧举；若变化动作路线，则可做左臂经侧至前举、右臂侧举；若变化动作的速度，则可两拍完成左臂前举、右臂上举等。

②身体同一部位不同类型动作的组合与变化。以两腿动作为例，一腿站立，另一腿可做各种风险、不同幅度与不同速度的举、踢等动作；以两臂动作为例，则可做左臂胸前平屈、右臂侧举等。

2）身体不同部位的组合变化

身体的不同部位是指头颈、肩、臂、髋、腿、腰和腹等各部位，它们所做的相同类型和不同类型动作以及在七个因素方面的组合与变化。创编时应突出主要部位，并考虑与其他部位的有机配合。

①身体不同部位相同类型动作的组合与变化。以上肢与下肢（一脚站立）为例，可做相同与不同方向、幅度、路线、速度、频率的举、屈、伸等同类型动作；以上肢、头颈和下肢为例，可做两腿屈膝半蹲，同时两臂胸前立屈，头前屈动作。

②身体不同部位不同类型动作的组合与变化。以上肢与下肢为例，可做两腿屈膝半蹲、两臂前举，两腿伸直、两臂上举；以上肢、下肢和胸部为例，可做两腿成左弓步、两臂侧举后振扩胸动作。

除上述一些主要的组合与变化外，还可运用不同做法的变化，如身体各部位的动作可做同时做、依次做、轮流做或对称做、不对称做；不同方式的变化，如可定位做或行进间做等。

2. 移植创意法

移植创意法又叫模仿创意法，即将日常生活中的有趣动作、动物的可爱姿势以及其他运动项目或舞蹈中的一些典型动作移植过来，经过加工改造、分解成具有鲜明特色的单个或单节动作的方法。例如，幼儿广播体操是模仿日常生活中的洗脸、刷牙、小兔、小猫等动物的可爱动作，大众广播体操将武术、游泳、高尔夫、保龄球或舞蹈中的一些典型动作作为创编单个或单节动作的素材，并将其改编成富有情趣的体操动作进行锻炼。

同时，以音乐、歌谣、形体动作交融的方式，达到促进青少年德、智、体、美全面发展的教育目的；以天真稚气、活泼可爱的动作形象和富有想象力的音乐，表现出热爱大自然、热爱生活的美好心灵。

3. 改变节奏创意法

改变节奏创意法指通过改变节奏进行创编，让学生清楚地认识到动作形成的过程、不同的动作质感、动作连接的作用以及不同的视觉效果；通过两拍一动、一拍一动、一拍两动、两拍三动甚至四拍一动等变化，增加运动强度，对人体形成不同的运动负荷量，从而对传统的编排形式和结构模式进行了创新。

（三）创编步骤

(1)确定操的用途。明确创编本套徒手体操是用于学校体育课还是作为课间操等所用，根据具体的用途，确定具体内容。

(2)了解对象特点。了解创编对象的年龄、性别、生理及心理特点、身体素质和运动水平等，使本套徒手体操更具有针对性。

(3)确定操的风格、特点和难易程度。

(4)确定本套操的名称、节数、顺序和每节操的节拍数。

(5)按照确定好的顺序逐节创编每一节操。

(6)试做和修改。在创编的过程中，要把编选、试做和修改结合起来，特别是难度大或较复杂的动作多试做几次。要针对每节操的姿势、动作方向、部位、路线以及节与节之间的衔接、节拍和动作的配合等方面存在的问题做必要的修改，还可征求同学、同行或老师的意见。如有条件还可进行试验，使整套操更加完善。

(7)选曲或配曲。一般优先编好动作再选择乐曲，也可以先选好乐曲再根据音乐的节奏创编设计动作。如有条件还可以自己或请人帮助谱曲。

(8)制图、记写动作说明。用图解把创编的动作记录下来，按规范的记写方法用文字叙述每拍、每节的动作说明。

第六章 轻器械体操练习

轻器械体操是在徒手体操动作的基础上，通过手持体操棍、实心球、跳绳、木哑铃、小旗等轻器械所进行的身体练习。它不仅具有徒手体操的基本内容，而且还具有不同器械动作变化的特点，内容较为丰富，表现形式多样。

轻器械体操的主要特点是种类繁多、内容丰富、形式多样、特点鲜明、功效显著。根据不同目的选用轻器械，再根据不同器械的特点，充分利用变换器械与身体各部位的配合，变换器械对身体的影响，从而改变练习的难度和强度；利用不同器械的使用方法，变换练习形式，增加练习趣味性，最终达到锻炼的目的。

轻器械体操练习，可培养正确优美的身体姿态，纠正不良的身体形态；增强关节的灵活性，增强肌肉、韧带的力量和柔韧性；提高身体的协调性和控制能力。轻器械体操不仅可以作为体育课和各项运动的准备活动、辅助练习、身体素质练习内容，还可以用于各种形式的体育表演和团体操表演。另外，利用不同器械的特性进行各种游戏，可提高练习者的兴趣，改善身体的灵敏性，增强协作能力和集体荣誉感。

一、体操棍练习

体操棍是轻器械体操的主要内容之一。以体操棍为限制物，可以增强关节的柔韧性、灵活性和肌肉的控制能力；改变握棍的位置，可以增大重力矩杠杆作用，加大动作的幅度和强度；变换握棍动作与身体各环节动作的配合，可以提高协调能力；运用体操棍做模仿性动作，可以提高练习兴趣。

(一)握棍的基本方法

体操棍的握法有正握、反握、正反握、交叉握、翻握、单手握、双手握、握棍两端、握棍一端、握棍中间、与肩同宽握棍等。

(二)持棍基本动作

(1)持棍立正：右臂下垂，用拇指和食指握棍下端，其余三指贴于棍身，使棍垂直靠于右肩(图 6-1)。

(2)持棍稍息：左脚侧出一步，同时右手压棍使棍上端轻放于左脚尖前地上(图 6-2)。

(3)持棍行进：齐步走时，同持棍立正的持棍方法，按队列要求行进。

图 6-1　持棍立正

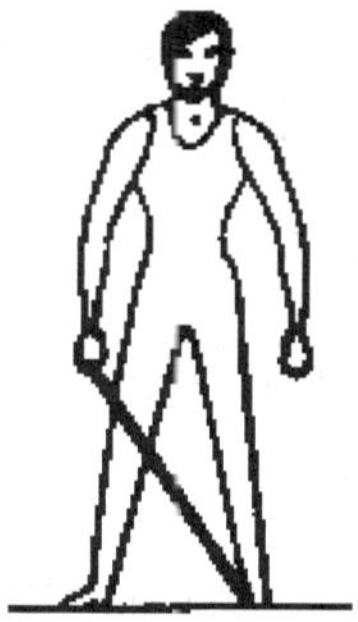

图 6-2　持棍稍息

（三）持棍限制性动作

(1)上肢动作：握棍两端(宽度根据练习者肩关节灵活性确定)，两臂同时或依次向后或向前转肩；一臂上举，另一臂后举，握棍两端，上举臂前拉或后举臂下拉，使另一侧肩关节充分拉伸。

(2)下肢动作：两手握棍两端，两腿依次跨越过棍或同时跳跃过棍；将体操棍竖立于地上单腿摆越过棍；握一端沿地面绕环，两腿依次跳过等。

（四）模仿动作

持棍模仿持枪刺杀及武术的刀、枪、剑、棍和击剑的刺、劈等动作。

（五）双人动作

双人协同性动作，如两人同握一体操棍做体前、侧、后屈；双人助力性动作，如一人握棍做上举，另一人在后用力帮助拉肩；双人对抗性动作，如两人同握一体操棍互拉、互推、互扭棍等。

（六）利用体操棍的游戏

利用体操棍可以做多种竞赛性的游戏。如将棍等距离或摆出各种图形排列在地面上做各种跑、跳；一人持棍由纵队排头沿地面快速移动至排尾，每人依次跳跃；练习者成一路纵队，相邻的两人分别握同一体操棍的两端，握棍一侧的腿屈膝将脚挂在棍上，在口令的指挥下集体向前跳；运用体操棍做传递、对抗、推拉等游戏。

（七）体操棍操

持体操棍做身体各部位的基本动作或组合。

二、实心球练习

实心球练习是轻器械体操的主要内容之一。实心球是用棉花、布头、沙子等细软物装在用帆布、皮革及胶皮等制成的球壳内，并有一定重量的实心圆球。球的重量一般为 0.5～2.0 kg，直径为 15～25 cm 多种规格。实心球练习是发展青少年肌肉力量的重要手段，它通过抛接、传递、持球操、游戏等方式，对增强上下肢、腰、腹、背部力量有显著效果，因此，它被广泛运用于身体素质训练及运动辅助练习中。

(一)持球基本方法

持球基本方法有单手持球、双手持球、两脚夹球、持球行进等。

(二)定位球练习

将若干实心球按一定的间距放在地上，用走、跑、跳等方法从球上依次越过，或从球的旁边依次绕过穿行。

(三)传递球练习

单人单手持球绕过身体的颈、腰、腿传至另一手接球；两人面对、背对、侧对将球从头上、胯下、腰侧互相传递；多人纵队、横队或圆将球从头上、胯下、体前、背后、体侧依次传递。

(四)抛接球练习

一人单手或双手向上抛接球、单抛双接、双抛单接、体前抛背后接、背后抛体前接等练习，可采用原地、走动、跑动、跳起、转体、击掌等形式；两人面对、背对、侧对站立，用单手或双手从头上、肩上、胸前、胯下、体侧相互抛接，也可只抛不接，捡球后再抛，两脚夹球上抛自接或后抛另一人接等。

(五)持球操

持球做身体各部位的基本动作或组合。

(六)实心球游戏

利用实心球性能和特点可做各种类型的游戏，通常有搬运球接力、跳跃或跑绕定位球接力，以及各种传递、抛接球接力，抛远、抛击目标、用体操棍拨球接力等游戏。

三、跳绳练习

跳绳练习是轻器械体操的主要内容之一，也是中学生非常喜欢的一项体育运动。跳绳练习能增强腿部力量，发展灵敏性、协调性、弹跳力、和耐久力，对于增强运动器官和心血管系统的机能有重要作用。

(一)跳绳的基本跳法

任何单脚或双脚跳时，均用前脚掌或由全脚掌过渡到前脚掌蹬地跳起，并用前脚掌或由前脚掌过渡到全脚掌着地，落地时稍有屈膝缓冲。

（二）跳短绳练习

跳短绳一般有单脚跳、双脚跳、交换脚跳，可单人练习、双人练习和三人练习。单人跳绳长 2.0～2.3 m，双人或三人跳绳长 2.5 m 或稍长，绳直径 1.0 cm，中间稍粗。单人跳绳两手握绳两端，一脚踩住绳中点拉直比肘高的长度为宜。

(1)摇绳方法：两手握绳的两端，两臂体侧屈肘，大臂贴紧，用手腕转动摇绳，有前摇、后摇、交叉臂摇、“8”字摇等。

(2)停绳方法：前摇结束时，一脚后脚跟着地，前脚掌抬起，绳绕至脚下停住。后摇跳结束时，一脚前脚掌着地，脚跟立起，绳摇至脚下停住。

(3)跳法及变化

①单人跳：在基本跳法的基础上可变化做高抬腿跳、前踢腿跳、后踢腿跳、分腿跳、后屈腿跳、团身跳、蹲跳等。

②双人跳：有一人摇跳，另一人跑进跑出或同跳；一人助摇跳；两人并立同摇跳等。

③三人跳：有一人摇跳，另两人同时或依次跑进跑出，进出时可两人在前、在后或一前一后；三人并立两人摇跳；一人助摇另两人摇跳等。

（三）跳长绳练习

绳长 5.0 m 以上，可根据练习者人数决定长度。两人面对各持一端，相距约 3.0 m，同向摇动，也可将绳的一端固定一人摇动。

1. 摇绳方法

摇绳有摇荡绳和摇转两种。摇荡绳时为绳左右摆荡，左右倾斜不超过 45°。摇转绳时以肩为轴屈臂摇转，绕环不宜过大，绳摆至最高处时，中央应高于一人，下摆应擦地而过。摇绳方向有正摇和反摇，绳向着练习者由上而下摇称为正摇，反之则为反摇。

2. 跳法及变化

(1)单长绳跳：两人摇一长绳，一人或多人做跑过或跳过。跑过时多用于正摇绳，当绳由最低点向上摇动时，练习者在下一次绳触地之前跑过，可采用各种方法跑过，如负重、转体、两人拉手跑等；跳过时可跳一次立即跑出，也可连跳，还可以两人或多人从不同方向跑进跑出，同样可采用单脚、双脚、后屈腿、转体、击掌、拾物等跳法，以增强练习的趣味性。

(2)双长绳跳：即每人两手各持两根平行的长绳一端，有节奏地依次向内或向外摇转，一人或两人跑进做各种跳法。

（四）跳绳游戏

跳绳游戏形式和内容较多，一般采取比赛的形式进行。通常有以下几种形式。

(1)花样赛：在规定的时间内看谁的花样跳得多，如前摇跳、后摇跳、单脚跳、双脚跳、单脚垫跳、交换脚跳、高抬腿跳、交叉摇跳、双摇跳等。

(2)计时赛：各种跳法的接力赛，看哪组用时短，先完成。

(3)计数赛：在规定的时间内跳绳，看谁跳的数量多。

（五）绳操练习

将绳对折或二折，持绳两端或与肩同宽，绳绷直做身体各部位的基本动作或组合。

四、木哑铃练习

木哑铃由握把和铃头组成，握把长 11～12 cm，直径 2.8～3.5 cm，中部稍粗，铃头成圆形或椭圆形，直径 7～10 cm。其特点是练习中可利用铃头的敲击声，使动作整齐、有力、富有节奏感，有利于培养练习者的协调性、节奏感，提高练习的兴趣。铃操声势大，能振奋精神，适合于少年儿童练习，并常作为团体操表演的内容。

（一）持铃与击铃方法

两手各持一个木哑铃，虎口相对（或向外）铃头撞击出声，或两手持铃上下重叠铃头撞击出声。

（二）木哑铃操

持木哑铃做身体各部位的基本动作或组合。

五、小旗练习

小旗为 40 cm×40 cm 的正方形，用绸布制成，旗面可为各种颜色（但主要为红色）或以对角线分成两色，用长 50 cm 左右的旗杆固定。其特点是利用快速的挥动使小旗发出清脆的响声，并利用举、摆、绕、绕环等动作充分发挥旗面的视觉效果，有利于培养练习者的协调性、节奏感和动作的控制力，提高练习的兴趣。由于小旗挥动发出的声响及旗面的视觉效果的积极作用，小旗操常作为团体操表演的内容。

第七章　器械体操练习

第一节　技 巧 练 习

一、肩肘倒立

动作要领：坐撑，上体后倒，收腹举腿，当脚尖至头顶上方时，两臂在体侧下压，两腿上伸，立腰挺髋，臀部收紧，至倒立部位时，屈肘手撑背部停住，如图 7-1 所示。

图 7-1　肩肘倒立

动作规格：垂直，稳定。

保护与帮助：保护者站在练习者的侧方，两手握住练习者的腿上提。必要时，可用膝盖顶其背部，使其充分伸直。

练习方法：(1)坐撑后倒伸髋，再回原位。体会伸腿，压臂技术及方向。

(2)结束动作可做“前滚团身起立”。先直体前倒，约至 30°时，迅速收腹团身，上体前跟蹲起。

二、一脚蹬地、一腿后摆成头手倒立

动作要领：由蹲撑姿势开始，上体前倾，两手撑垫同肩宽，并与头部前额着地点成正三角形，两肘内夹。当摆动腿摆至倒立部位时制动，蹬地腿积极主动与摆动腿并拢成头手倒立，如图 7-2 所示。

图 7-2　一脚蹬地、一腿后摆成头手倒立

动作规格：身体伸直并与支撑面垂直，稳定。

保护与帮助：站在练习者摆动腿同侧前方成前后弓步，当练习者蹬地摆腿时，用膝关节顶住练习者腰臀部，一手挡住其腿，帮助控制平衡。自我保护：重心向前无法控制，应迅速低头团身前滚。

练习方法：(1)靠墙做一脚蹬地、一腿后摆成头手倒立。

(2)保护者扶其小腿帮助完成动作。

三、屈体(或分腿)慢起成头手倒立

动作要领：蹲撑(或分腿立)，上体前倾，两手撑垫同肩宽，并与头部前额着地点成正三角形，两肘内夹。提腰提臀，当身体重心接近倒立时，向上伸腿展髋(或并腿上伸)，身体挺直成头手倒立，如图 7-3 所示。

图 7-3 屈体慢起成头手倒立

动作规格：匀速，身体直，稳定。

保护与帮助：站在练习者正方成开立，练习者提腰提臀时扶其髋部；展髋或并腿时扶其腿部并帮助控制平衡。自我保护：重心向前无法控制，应迅速低头团身前滚。

练习方法：(1)靠墙做头手倒立。

(2)由蹲撑、屈腿慢起成头手倒立。

(3)保护者手扶腰部或小腿，助其伸腿成头手倒立。

(4)熟练后，可做慢起头手倒立。放好头手位置后，高提臀、分腿、脚尖点地，两手用力推起重心，两腿再慢慢从两侧并拢成头手倒立。

(5)头手倒立可用前滚翻结束。重心前移，随之低头前滚，紧接着含胸团身，上体前跟成蹲立。

四、摆手倒立

动作要领：直立，两臂前上举，接着体前屈，两手向前下撑地(同肩宽)，稍含胸，顶肩，一脚蹬地，另腿后摆。当摆动腿到垂直部位时制动，蹬地腿积极并拢摆动腿，顶肩立腰，全身紧住成手倒立。手倒立的控制，如重心向前时，手指用力顶住，同时稍抬头顶肩。如重心向后时，掌根用力，稍冲肩屈髋，如图 7-4 所示。

图 7-4　摆手倒立

动作规格：竖直，立稳。

保护与帮助：保护者站在练习者的侧前方，一手挡练习者的摆动腿，另一手托蹬地腿，并可用单腿顶住其肩部，防止前倾。自我保护：当重心过于向前时，要立即屈臂低头做团身前滚翻，也可以放开一手转体下。

练习方法：(1)用小力量做蹬摆成半倒立再还原。体会蹬、摆配合，顶肩以及回落技术。

(2)同伴帮助扶持手倒立。

(3)靠墙做倒立，训练臂、肩力量。

(4)背对墙离开 20 cm 左右做手倒立，练习控制。

(5)在倒立架上练习。

(6)脚尖靠在单杠上做倒立(保护者帮助练习者把脚放好)。体会顶肩、立腰、紧身技术。

五、俯平衡

动作要领：由两臂上举的直立开始，一脚向前一步，另腿后举，上体慢慢前倒，成单脚站立，另腿尽量向后高举，保持挺胸抬头，两臂慢慢至侧举成俯平衡姿势，如图 7-5 所示。

图 7-5　俯平衡

动作规格：肩高于臀，膝高于肩。

保护与帮助：保护者站在练习者的侧方，一手托其后腿，一手扶其上臂。

练习方法：手扶器械，并加强后压腿、后踢腿、后控腿的练习。

六、前滚翻

动作要领：蹲撑，两脚蹬地，提臀，同时屈臂低头含胸，用头的后部、颈、背、腰、臀依次触垫前滚，当滚到腰臀时，两手迅速抱腿团身，上体紧跟大腿成蹲立，如图 7-6 所示。

图 7-6　前滚翻

动作规格：有短暂的直腿过程，滚翻圆滑。

保护与帮助：

(1)站于练习者侧后方，两手提拉腰臀，帮助前滚。

(2)跪于练习者侧后方，推背帮助起立。

练习方法：(1)团身滚动练习，两手抱腿，低头含胸，身体团紧，来回滚动。

(2)斜面上由上往下完成前滚翻。

(3)蹲立，两手逐步远伸的前滚翻练习，也可在帮助下完成。

(4)前滚翻成并腿坐练习，体会腿的伸直过程。

(5)连续前滚翻；前滚翻接挺身跳；前滚翻单脚着地；双人前滚翻等练习。

七、前滚翻分腿起

动作要领：从蹲立开始，同前滚翻。当滚翻至背部着垫时，两腿伸直尽力分开，上体前跟积极前压，两手在胯下向后推垫成分腿站立，如图 7-7 所示。

图 7-7　前滚翻分腿起

动作规格：滚翻圆滑，两腿直，先并再分。

保护与帮助：保护帮助者站在练习者前方，两手握肩向前提拉。

练习方法：(1)分腿坐前后滚动，向后滚动并腿，向前滚动大分腿。

(2)大分腿坐，两手体前撑地，做上体前压同时向后下推垫，尽量使臀部离地的练习，逐步加大幅度直至成大开立。

八、“鱼跃”前滚翻

动作要领：从半蹲姿势开始，重心前移，两臂前摆，同时两脚蹬地，使身体向前上方跃起。腾空后，保持含胸稍曲髋的弧形姿势，接着两手撑地，两臂有控制地弯曲，低头，含胸前滚团身起成直立，如图 7-8 所示。

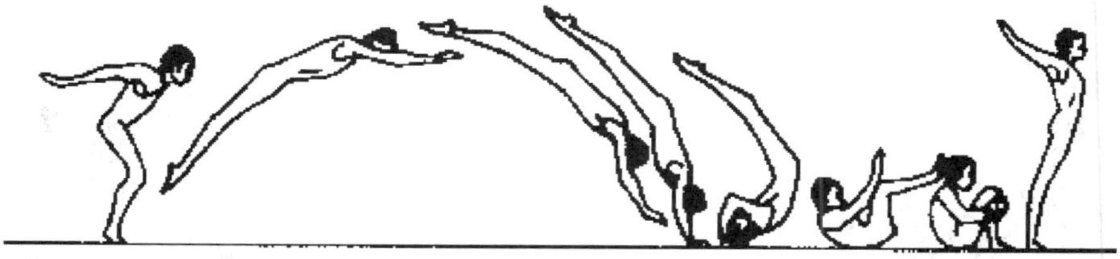

图 7-8 “鱼跃”前滚翻

动作规格：腾空重心高于髋，髋角约 135°，滚翻圆滑。

保护与帮助：保护者站在练习者起跳点侧方，当练习者起跳后，两手托腿，顺势前送。

练习方法：(1)初学时先做两臂远伸的前滚翻和腾空较低的跳起前滚翻。

(2)从高处(30 cm 左右)向下做滚翻，体会两臂的控制力量。

(3)越过障碍物，可由 1～2 个同学横向跪撑在垫子上。

九、后滚翻

动作要领：蹲立，重心后移，两手迅速放至肩上(屈腕翻掌，掌心向上，肘内夹)，团紧身体并保持一定速度后滚。当滚到肩、颈部，身体重心超过垂直部位时，两手在肩上用力推垫，使身体翻转，两脚落地成蹲撑，如图 7-9 所示。

图 7-9 后滚翻

动作规格：团身紧，翻滚圆滑。

保护与帮助：保护者单腿跪在练习者侧面稍后的位置，当练习者后滚至肩部时，一手托肩，一手托背，助其翻转。或保护者站的位置同上，当练习者滚至肩部时，两手提髋部助其翻转。

练习方法：(1)团身前后滚动，注意把手的位置放好。

(2)做后滚翻成跪撑。

(3)在斜坡上由高处向低处做后滚翻动作。

十、屈体后滚翻

动作要领：直立、上体前屈，重心后移，两手后伸在腿外侧撑地。接着臀部后坐，上体后倒，举腿翻臀，屈体后滚两手置于肩上。当滚到肩部时，两手在肩上用力撑垫，使身体翻转，经屈体立撑起立，如图 7-10 所示。

图 7-10 屈体后滚翻

动作规格：腿直，滚翻圆滑，动作连贯。

保护与帮助：保护者站在练习者侧后方，两手提髋助其翻转。

教学方法：(1)先由并腿坐开始做屈体前后滚动。

(2)身后放双层垫子，脚站在地面上练习屈体后坐。

(3)在斜坡上由高处向低处做屈体后滚翻动作。

(4)在帮助下练习。

十一、经单肩后滚翻成单膝跪撑平衡

动作要领：并腿坐，上体经前屈再后倒，曲髋举腿，经肩臂倒立，左手在肩上撑垫，右臂侧伸，头左曲。后滚至肩时，左腿保持高举，右腿落下用脚背触垫。同时左手稍撑垫并转头，经右肩向后滚翻。接着右膝跪垫，两手向前撑垫，上体抬起成单膝跪撑平衡，如图 7-11 所示。

图 7-11 经单肩后滚翻成单膝跪撑平衡

动作规格：滚翻节奏好，动作连贯，左腿后举膝高于头。

保护与帮助：保护者跪在练习者的左侧方，一手托其左腿，一手扶其肩。

练习方法：(1)站立或并腿坐向后滚动做头、手的配合练习。

(2)在帮助下慢做，体会转头、举腿、换手撑地等技术环节。

十二、侧手翻

动作要领：预备姿势是侧向站立，臂侧举，左腿侧举，头左转。上体左侧倒，左脚落地(脚尖向左)，右腿侧摆，左手撑地，左腿随之蹬地摆起。右手撑地，经分腿倒立(顶肩，立腰，展髋，分腿)继续翻转。推开左手，右脚落地(脚尖向右)，身体侧起成开立，如图 7-12 所示。

图 7-12 侧手翻

动作规格：空中一个面，地上一条线，两手依次撑地和推手，动作连贯。

保护与帮助：保护者站在练习者背后，两臂交叉扶住练习者的腰部，随着其动作顺势拨动帮助翻转。

练习方法：(1)在帮助下做侧起手倒立(两人帮助：背后一人扶腰，腹前一人扶腿)。腹部靠墙做侧起分腿手倒立或完整侧手翻(初学者可在帮助下完成)。

(2)在地上画一条线，沿线练习，要求手，脚都在线上。

(3)侧向做较熟练后，可由正面开始做正向下手，臂低于腰部后，侧转上体，手撑地同前，摆腿向后上方。

(4)熟练后，可用助跑趋步连接，并可做连续侧手翻。

十三、跪跳起

动作要领：跪立臂上举，上体稍前倾，屈髋后坐两臂后摆，接着再前摆，同时快速伸腰展髋。当膝关节离地后，急速制动两臂同时收腹提膝成蹲立，如图 7-13 所示。

图 7-13 跪跳起

动作规格：动作协调，有腾空。
保护与帮助：保护者站在侧面，随练习者臂前摆，提其上臂。
练习方法：开始先做摆臂伸腰提起膝部，再跪下。可重复做。

十四、俯撑单腿经侧向前摆越转体 180°成仰撑

动作要领：由俯撑姿势开始，右手推离垫重心左移，右腿由身体右侧迅速向前摆越，右手再撑垫，同时左手推垫向左转体 180°，右腿并拢左腿成仰撑，如图 7-14 所示。

图 7-14 俯撑单腿经侧向前摆越转体 180°成仰撑

动作规格：摆越动作轻巧敏捷，腿直不擦地。
练习方法：(1)做纵劈叉练习。
(2)俯撑单腿经体侧向前摆越至两臂间成前后分腿支撑。
(3)直接练习。

第二节 跳跃练习

一、挺身跳

动作要领：助跑，单脚蹬起双脚在弹跳板上起跳，起跳后身体向前上方腾起，两臂摆至前上举，保持空中挺身姿势，然后缓冲落地，如图 7-15 所示。

图 7-15 挺身跳

动作规格：腾空高，挺身充分。
保护与帮助：保护者站在弹跳板前练习者落地一侧，下落后一手扶腹部，另一手扶背。
练习方法：(1)助跑上板练习。
(2)在弹跳板上做连续弹跳接挺身跳下练习，初学者可两侧牵手进行。

二、团身跳

动作要领：助跑，单脚蹬起双脚在弹跳板上起跳，起跳后身体向前上方腾起，接近最高点时收腹屈腿团身，两手抱膝；最高点时迅速伸展身体，接着缓冲落地，如图 7-16 所示。

图 7-16　团身跳

动作规格：腾空高，在最高点完成展体动作。

保护与帮助：同挺身跳。

练习方法：(1)由高处站立向低处跳下做团身抱膝伸腿展体动作。

(2)在弹跳板上连续跳接做团身跳练习。

三、跳上成蹲撑挺身跳下

动作要领：助跑上板跳起，稍含胸收腹两臂前伸支撑器械，同时迅速提臀屈腿，两膝并拢上成蹲撑姿势；跳下时，两脚用力向后下方蹬离器械，同时两臂摆至侧上举，伸直髋关节和两腿，向前上方腾起，充分挺身，然后缓冲落地，如图 7-17 所示。

图 7-17　跳上成蹲撑挺身跳下

动作规格：跳上屈膝并腿，在马前上方挺身。

保护与帮助：保护者站在器械前侧方，当练习者挺身落地时扶其背部；保护者站在助跳板前一侧，当练习者跳撑时，一手握上臂，另一手托腹部顺势托送成蹲撑。

练习方法：(1)手撑器械，脚踏助跳板，做原地蹬跳提臀屈腿动作练习。

(2)由助跑开始做跳地提臀屈腿动作练习。

(3)原地做挺身跳或从较高位置(如跳箱上)做挺身跳下动作。

四、跳上成跪撑、跪跳下

动作要领：助跑上板跳起，稍含胸收腹两臂前伸支撑器械，同时迅速提臀屈腿，两膝并拢前移至跪撑姿势；跳下时，两臂上摆，上体抬起，同时伸髋下压，增大支撑反作用力；接着身体向前上方腾起，两腿后屈，髋部前送挺身后缓冲落地，如图 7-18 所示。

图 7-18 跳上成跪撑、跪跳下

动作规格：跳上要轻稳，跳下时有明显后屈腿挺身姿势。

保护与帮助：同跳上成蹲撑挺身跳下。

练习方法：(1)原地做后屈腿跳练习。

(2)在助跳板上，做跳起提臀屈腿成跪撑练习。

(3)由跪撑姿势开始，保护者握其两臂做跪跳下练习。

五、跳上成分腿立撑挺身跳下

动作要领：助跑上板跳起稍含胸收腹，两臂前摆手撑器械，同时向上提臀，两腿伸直向侧分开上成分腿立撑姿势；跳下时，两脚用力向两侧后下方蹬离器械，同时两臂侧上摆上体抬起，向前上方腾起分腿挺身，然后并腿缓冲落地，如图 7-19 所示。

图 7-19 跳上成分腿立撑挺身跳下

动作规格：直腿侧分跳上，在马前上方分腿挺身。

保护与帮助：跳上时，保护者站在器械正前方，两手顶练习者肩部或扶握其上臂。跳下时，保护者站在器械前侧方，扶其腹背。

练习方法：(1)手撑器械做原地蹬跳提臀分腿动作练习。

(2)利用鞍马或低跳箱跳起成分腿立撑。

(3)在保护下完成动作。

六、纵跳箱前滚翻

动作要领：助跑上板积极踏跳，两臂前摆支撑，同时提腰提臀屈髋；当伸直两臂顶肩支撑后，随着重心前移，迅速屈臂、低头、屈体前滚翻；当滚翻至臀部在箱远端经直角坐时腿制动，上体向前上急振，送髋挺身落地，如图 7-20 所示。

图 7-20　纵跳箱前滚翻

动作规格：腿直并拢，滚翻圆滑，方向正，落地前有伸髋动作。

保护与帮助：保护者站在箱的近端侧面，当练习者跳起后，一手托其肩、另一手托送大腿顺势帮助其翻转。

练习方法：(1)原地跳起做鱼跃前滚翻动作练习。

(2)手撑器械在助跳板上做原地蹬跳起提腰提臀屈体练习。

(3)在高垫子上做跳起前滚翻练习。

(4)跳上成蹲撑做前滚翻跳下。

七、斜向助跑向右(左)直角腾越纵马(箱)

动作要领：斜向助跑，左脚踏跳，右腿向前上方摆踢，同时右手撑马(箱)，上体稍后仰；蹬地腿快速与摆动腿并拢，左手体后撑马(箱)使上体和腿成直角姿势，同时右手推离，腾跃过马(箱)；接着两腿前伸下压，推手挺身缓冲落地，如图 7-21 所示。

图 7-21 斜向助跑向右直角腾越

动作规格：腾跃时髋平肘，脚高于头，马(箱)面上展体。

保护与帮助：保护者站立在练习者落地点后面，一手握上臂，另一手托背部。或保护者站在马(箱)端，一手握上臂，另一手顺势托臀。

练习方法：(1)用 2～3 步助跑，一脚踏板另一腿摆踢，手撑器械跳上成马上直角支撑，体会蹬摆腿的用力方向。

(2)在低双杠上做外侧坐越两杠直角下，体会换撑和展髋技术。

(3)在帮助下完成动作。

(4)可采用标志物和条件限制物，使练习者明确踢腿的方向和高度。

八、斜向助跑向右(左)挺身腾越纵马箱

动作要领：斜向助跑上板，两脚起跳后，两手远端撑马。两臂用力伸直支撑，同时含胸，顶肩，提臀。当臀部提至接近最高点时，两腿快速向后上方摆高，伸直髋关节。接着左手向右手方向移撑，右手推高，保持挺身落地，如图 7-22 所示。

图 7-22 斜向助跑向右挺身腾越

动作规格：身体挺直与肩水平均成 30°以上。

保护与帮助：保护者站立在跳板前侧面，当练习者跳起后，一手握其左上臂，另一手顺势托大腿或腹部。

教学方法：(1)斜向助跑起跳，远端撑马提臀成马上屈体立撑。

(2)由马上屈体立撑，利用脚蹬马做后摆挺身下。

(3)在帮助下完成动作。

易犯错误及纠正方法：(1)跳起没有提摆臂摆腿，或摆腿向侧横扫，可采用教法(1)(2)纠正。

(2)提臀摆腿动作脱节或摆腿时肩前冲，可采用教法(3)纠正。

九、分腿腾越山羊

动作要领：助跑上板有力踏跳，跳起后两臂积极前摆稍含胸，上体稍前倾和稍屈髋向前上方腾起。两臂主动前伸撑器械，同时紧腰固定髋关节。手撑器械时，在肩未过支撑点垂面之前，两手迅速向前下方顶肩推手，同时两腿侧分前摆，接着迅速制动腿，上体抬起，分腿挺身并腿缓冲落地，如图 7-23 所示。

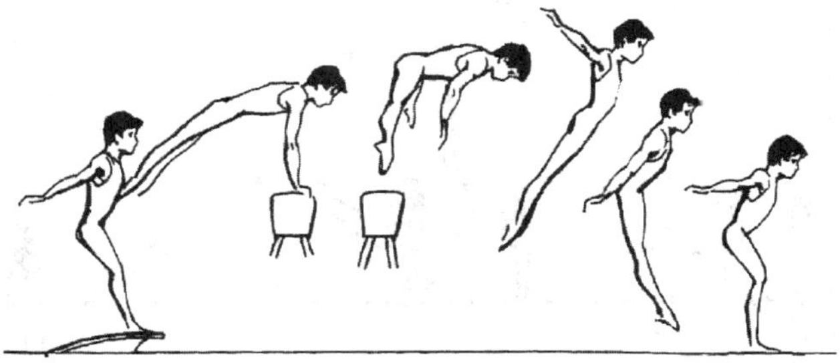

图 7-23　分腿腾越山羊

动作规格：肩在支点垂直面前推手，前上腾起分腿挺身。

保护与帮助：保护者站在练习者落点一侧，一手扶腹，另一手扶背；或保护者正面两脚前后开立，手握练习者两上臂(顶肩)，顺势上提，同时前腿随练习者落地而后退。

练习方法：(1)俯撑两脚蹬地腿后摆，同时推手成分腿站立，接做挺身跳。

(2)助跳板靠近墙，助跑起跳做顶推墙动作。

(3)板距由近至远，山羊由低过渡到高做分腿腾越。

第三节　双杠练习

一、跳上成支撑前摆成外侧坐

动作要领：跳起支撑顺势向前上方摆腿，重心右移用左腿后侧和臀中部接触右杠面成外侧坐杠，左腿屈膝，右腿向后下伸直，挺胸，平视，两手体后握杠，如图 7-24 所示。

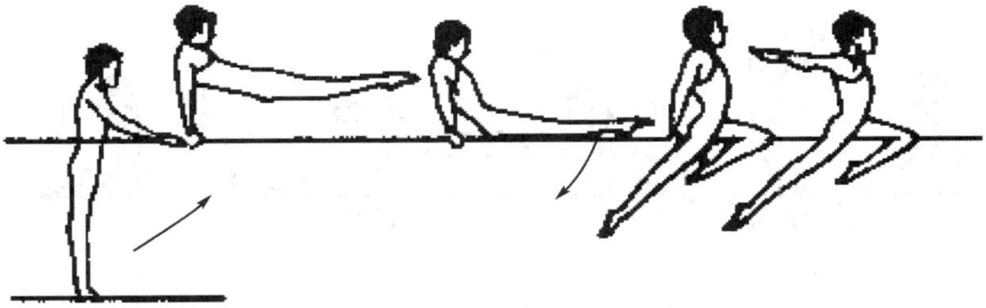

图 7-24　跳上成支撑前摆成外侧坐

动作规格：前摆时两肩拉开，两腿向前上摆起，不低于水平面，外侧坐时外侧腿尽量后伸，与内侧小腿成平行。

保护与帮助：帮助者站在练习者右侧方，右手捏其上臂，左手从杠上托送其腰臀部，助其成外侧坐。

练习方法：可先由支撑摆动开始进行练习。

二、外侧坐向前摆越两杠直角下(以向右摆越为例)

动作要领：由左外侧坐开始，上体后移，两臂用力撑杠，屈膝腿用力弹踢压杠，两腿积极并拢向右前方摆起，重心右移越两杠，同时两手推杠，换成左手撑右杠，同时伸腿展髋挺身落下成右侧立，如图 7-25 所示。

图 7-25 外侧坐向前摆越两杠直角下

动作规格：两腿并拢，膝关节平于头部，落地前有伸展。

保护与帮助：帮助者站在练习者右侧方，右手捏其上臂，左手从杠下托送其臀部，助其移重心越杠。

练习方法：(1)可先反复练习由外侧坐摆越两杠至外侧坐。

(2)在帮助下完成。

三、分腿坐前进成分腿坐

动作要领：由分腿坐开始，两腿压夹杠，身体挺直立起提高重心。上体前倒两手体前撑杠(稍远些)同时紧腰，腿压杠弹起后摆进杠。并腿前摆，腿超过杠面后，迅速向两侧分开以大腿内侧触杠分腿坐，如图 7-26 所示。

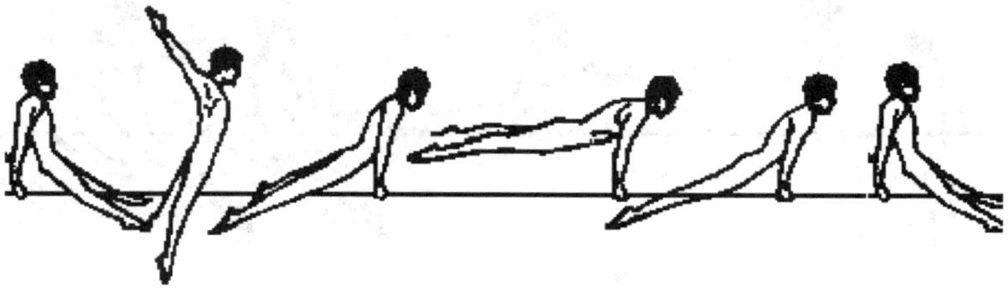

图 7-26 分腿坐前进成分腿坐

动作规格：有骑立过程、后摆进杠有腾起、分腿坐不砸杠。

保护与帮助：保护者站在杠外练习者侧前方，待其前进手撑杠时，一手握其上臂稳固支撑，一手托大腿助其腾起进杠，当前摆时顺势托其背腰以助前摆。初学者可由两人保护。

练习方法：(1)学会跳上成分腿坐和小幅度支撑摆动。

(2)保护直接做。

四、分腿坐“滚杠”成分腿坐

动作要领：由右手侧斜上举、左手体前撑杠的骑撑姿势开始，左手有控制屈臂撑杠，上体前倒至左杠下，右髋挺直，分腿挺身向左滚动。当滚过髋侧时，右手杠下反握左杠，以腰下部为轴经右杠分腿挺身仰卧姿势，继续向左滚动，同时右腿跨越两杠。右臂用力上撑同时左手换撑左杠，上体抬起成分腿骑撑，如图 7-27 所示。

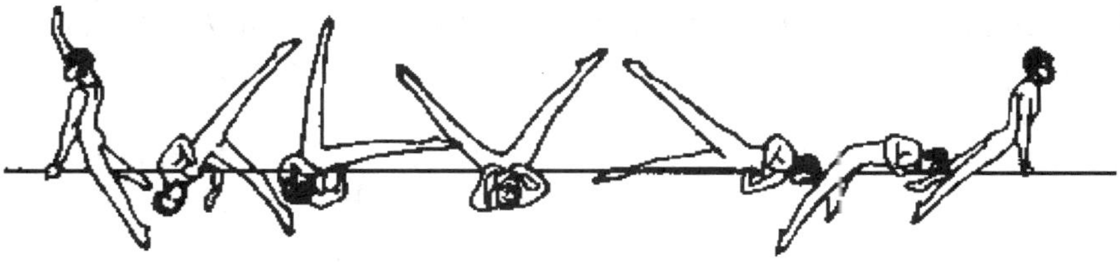

图 7-27　分腿坐“滚杠”成分腿坐

动作规格：在动作过程中一直保持挺身大分腿，滚动圆滑。

保护与帮助：保护者站在杠左侧，左手杠下托肩，右手杠上托拨大腿，顺势帮助滚动。当练习者成右杠分腿挺身仰卧时，换成右手杠下托肩，左手杠上握练习者右腿，顺势帮助继续滚动直至成分腿坐。

练习方法：(1)初学时，可由右手(外旋虎口向下)在左手后握杠的姿势开始，在两人帮助下分解做，体会动作过程。

(2)在保护下做完整练习。

五、分腿坐前滚翻成分腿坐

动作要领：由分腿骑坐开始，两手体前靠近大腿处握杠，肘稍内夹，含胸低头，收腹提腰提臀，使重心上升。体前屈，肩触杠时两肘外张，用两臂控制重心，两腿并拢继续前移，经屈体挂臂撑，两手迅速向前换握杠，臀部接近杠水平时，两腿分开下压，两臂压杠，上体前跟成分腿坐，如图 7-28 所示。

图 7-28　分腿坐前滚翻成分腿坐

动作规格：滚动圆滑，滚动中有并腿过程。

保护与帮助：保护者站在杠侧，一手托膝上部帮助提高重心，一手杠下托肩，以防落下；前滚换握时，两手在杠下托其背和腰，以防臀部下降，帮助前滚成分腿坐。

练习方法：(1)在杠上学会提重心和肩触杠时肘外张的动作。

(2)做垫上的前滚成屈体肩胛撑再接做分腿坐，体会臀在较高部位时，换握和分腿下压上体前跟的动作。

(3)在帮助下直接练习。

六、分腿坐慢起成肩倒立

动作要领：由分腿坐开始，两手在靠近大腿处撑杠，上体前屈，屈臂用力肘稍内夹，低头含胸、收腹提腰使臀部上升，当肩触杠时，两肘外张，用三角肌压杠，两手虎口稍外旋，身体重心落在两手、两肩的支撑面内，两腿从两侧上举并拢，抬头，立腰，伸髋成肩倒立姿势，如图 7-29 所示。

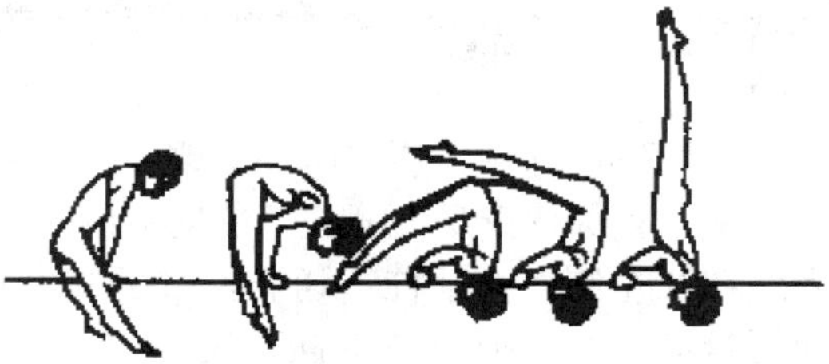

图 7-29 分腿坐慢起成肩倒立

动作规格：动作匀速，身体挺直与杠成垂直，停止 2 s 以上。

保护与帮助：保护者站在杠侧，一手在杠下托肩防止下落，一手托其大腿帮助提高重心，维持平衡；初学者可两人保护，另一人站在杠中，当臀上升肩腰触杠时挡其腰部，防止前倒。

练习方法：(1)先做提高重心和肩触杠时肘外张的动作，体会用力和张肘。

(2)把肩放好用脚蹬杠，慢起成肩倒立，体会用力和维持平衡。

(3)在保护助力下直接做。

(4)男生可用“直角支撑”开始做慢起肩倒立。

七、肩倒立前滚翻成分腿坐

动作要领：由肩倒立开始，两肘要保持外展姿势，含胸、低头、屈髋，向前滚翻，两手及时换握经屈体挂臂撑，当臀部接进杠面时，分腿伸髋下压、两臂用力撑杠，抬起上体成分腿坐，如图 7-30 所示。

图 7-30　肩倒立前滚翻成分腿坐

动作规格：换握时臀位高，滚翻圆滑，动作连贯。

保护与帮助：保护者站在练习者侧前方，两手从杠下一手托背，另一手托腰臀。

练习方法：(1)先练习分腿坐前滚翻成分腿坐。

(2)在帮助下做完整动作。

八、外侧坐单腿摆越两杠转体 180°成分腿坐

动作要领：由左外侧坐开始，右腿伸直挺髋下压，肩右移，上体右转左手撑前杠，同时左腿摆越两杠成骑撑。推开右手上体再右转完成转体 180°，然后两手依次换握成分腿坐，如图 7-31 所示。

图 7-31　外侧坐单腿摆越两杠转体 180°成分腿坐

动作规格：重心保持在两杠中间，腿伸直高摆，动作伸展。

保护与帮助：保护者站在杠侧，一手握上臂，一手托大腿，帮助跨越两杠成分腿坐。

练习方法：保护下直接做。

九、支撑摆动

动作要领：前摆时，身体由后上方向下摆，脚远伸，保持直体自然下摆，身体摆至握点垂直部位前应挺开腹部伸开髋，当摆过杠下垂直时，稍屈髋向前上方做踢腿动作，以加速前摆。同时两臂向后下用力，顶肩，身体上摆接近极点时将髋腿向前上远送，拉开肩角，达到最高点。后摆时，由前摆到最高点开始，身体自然下摆，摆至握点垂直部位前，应稍微屈髋，摆过握点垂线后，向后上做甩腿动作，以加速后摆，同时稍含胸，紧腰，顶肩。当身体后上摆接近极点时，应充分挺直，脚伸远，达到极点，如图 7-32 所示。

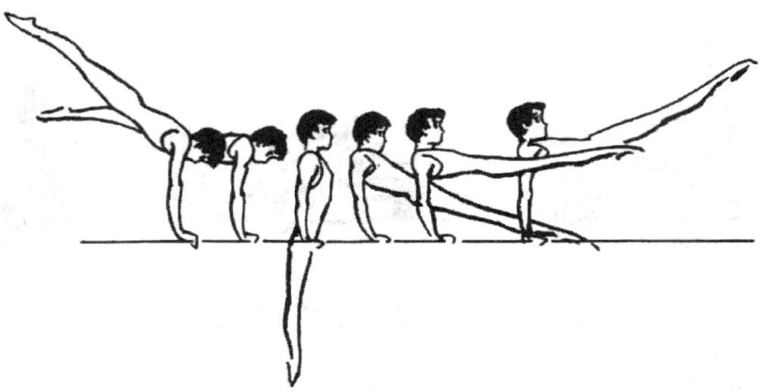

图 7-32 支撑摆动

动作规格：以肩轴为轴，前摆肩角拉开，髋接近平肩、脚高于头、髋保持微屈；后摆在肩水平后上方约 45°，肩角拉开约 135°直体不塌腰。前后摆动肩尽可能在握点垂直部位。

保护与帮助：保护者站在杠侧，一手握上臂以稳固支撑，一手在前摆时托腰背，后摆时托腹或大腿，助其摆动。

练习方法：(1)初学者，特别是少年儿童应先学会跳上成分腿坐，外侧坐等，以提高其支撑和收腹举腿的能力。

(2)在保护下，练习收腹举腿接着伸髋自然后摆，借向前回摆的力量在做收腹举腿和伸髋的动作。

(3)在助力下做小幅度的摆动，或结合前后有支点的摆动，如前分腿坐前进，前进成外侧坐等。

(4)在助力下，进行幅度加大的摆动，做前摆有踢腿送髋，后摆有甩腿远伸的练习。

(5)有一定的基础后，按教学规格要求练习。

十、支撑摆动臂屈伸

动作要领：当支撑后摆接近最高点时，两臂主动屈臂，身体顺势下落，当摆过垂直部位后，稍屈髋向前上方做踢腿动作，以加速前摆，同时伸直两臂，如图 7-33 所示。

图 7-33 支撑摆动臂屈伸

动作规格：动作协调连贯，后摆高于水平，前摆接近水平。

保护与帮助：保护者站在练习者侧方，当两腿前摆超过垂直部位后，一手托腰臀，另一手托送大腿后部，帮助其伸臂。

练习方法：(1)支撑摆动。

(2)屈臂支撑摆动，练习前摆时伸臂成支撑摆动。

(3)在帮助下完成一次支撑摆动，再完成一次摆动臂屈伸。

(4)在帮助下连续完成摆动臂屈伸。

十一、支撑后摆转体 180°成分腿坐

动作要领：由支撑后摆开始，摆幅不需很大，后摆下肢超过杠水平后，迅速转髋“拧”身，分腿，同时头向右转看杠。两腿依次(左先右后)触杠，两手依次(右先左后)换握于体后撑杠，完成转体 180°成分腿坐，如图 7-34 所示。

图 7-34 支撑后摆转体 180°成分腿坐

动作规格：腿伸直，转体正，不砸杠。

保护与帮助：保护者站在练习者转体的异侧，当后摆转髋分腿时，两手提搓其腰或髋部帮助转体。

练习方法：(1)学会支撑后摆，后摆要求两腿超过杠面。

(2)后摆过杠转髋时，眼看右杠，先把左腿放在右杠上，再推开右手转体转髋，分腿转体，手换握。

(3)保护下直接做。

十二、坐左杠，右腿杠中后摆，同时转体 180°成分腿坐

动作要领：由分腿坐开始，右腿前上举，左臂上举，右腿用力向后上摆，同时上体右转 90°左手撑前杠，重心前移(经两臂撑前杠左腿撑后杠过程)。右腿摆过肘平后，左腿压杠从右腿下面迅速摆越两杠，同时推开右手再向右转体 90°，右手体后握杠，完成转体 180°成分腿坐姿势，如图 7-35 所示。

图 7-35 坐左杠，右腿杠中后摆，同时转体 180°成分腿坐

动作规格：右腿后摆转体时，脚高于肩，左脚越两杠时，髋高于肘。

保护与帮助：保护者站在练习者转体的同侧，当右转体 90°左手撑前杠时，用左手握其上臂，以稳固支撑，右手托其左大腿，帮助摆越两杠。

练习方法：(1)做两手撑前杠。左腿撑后杠，右腿侧摆转体 90°成分腿坐。

(2)在保护助力下完整做。

十三、挂臂立，一脚蹬地，另腿摆动，经屈体挂臂撑屈伸上成分腿坐

动作要领：由站立挂臂开始，一脚蹬地，另一腿上摆，收腹并腿上举，两臂压杠，臀上翻，成屈体挂臂撑。两腿向前上方猛送出，接着制动腿，同时上体急振，两臂用力压杠，上体抬起。上成支撑后，两腿迅速左右分开成分腿坐，如图 7-36 所示。

图 7-36 挂臂立，一脚蹬地，另腿摆动，经屈体挂臂撑屈伸上成分腿坐

动作规格：成支撑时臀高于杠脚高于肩，分腿坐不砸杠。

保护与帮助：保护者站在杠侧，一手握其上臂，一手托其背腰部，当制动腿，上体急振时顺势上托，帮助上成分腿坐。

练习方法：(1)学会摆腿、蹬地、翻臂成屈体挂臂撑。

(2)在垫上屈体仰卧，两臂体侧压垫，做向上送腿伸髋，制动腿和上体急振，体会屈伸的用力技术。

(3)在保护助力下完整做。

十四、支撑前摆直角下

动作要领：由支撑后摆最高点开始，当身体向前摆过杠下垂直部位后，稍屈髋，加速向前上摆动。腿摆出杠面后，身体重心稍右移，两腿主动向右外移。当上摆脚至肩平时，立即制动腿，并做前伸下压动作，同时两臂用力推顶杠，急振上体，使身体腾起。先脱右手至侧举，左手换握右杠，挺身下，如图 7-37 所示。

图 7-37　支撑前摆直角下

动作规格：展髋、挺身的姿态，都应在杠水平面以上完成。

保护与帮助：保护者应站在练习者落地的同侧，右手握其右上臂，以稳固支撑，左手托其腰背部，帮助外移重心，保护落地。

练习方法：(1)在保护下直接做。

(2)在基本撑握动作后，为了提高动作质量，可设一标志物，以引导其达到一定高度、幅度。

十五、支撑后摆挺身下

动作要领：由支撑前摆最高点开始，当后摆过杠面后，下肢主动向右外移。待后摆超过肩水平后，接近极点时，左手迅速推杠换握右杠，同时身体重心向右平移。右手立即推杠脱手至侧平举，同时制动腿，上体急振，抬头挺身跳下，如图 7-38 所示。

图 7-38　支撑后摆挺身下

动作规格：后摆下时髋高于肩，脚高于头，保持挺身。

保护与帮助：保护者站在练习者落地的同侧，左手握其左上臂，右手杠中托其腹部，帮助外移重心，保护落地。

练习方法：(1)学会支撑摆动，后摆腿高于杠的练习。

(2)做小幅度的摆动，两手同时推杠的后摆挺身下。

(3)助力下做完整练习。

第四节 单杠练习

一、跳上成支撑(低杠)

动作要领：站立悬垂开始，两脚蹬地跳起，同时两臂压杠成支撑，紧腰、挺胸、后举腿，如图 7-39 所示。

图 7-39 跳上成支撑

动作规格：直臂支撑，腿与杠垂直面夹角在 45°以上。

保护与帮助：保护者站在练习者后面，两手扶其腰，顺势向上托送，助其上成支撑。再换到练习者侧方，一手从杠下托肩，另一手托起小腿，帮助其保持支撑姿势。

练习方法：(1)在平衡木(或鞍马)上做跳上成交撑。

(2)在帮助下练习。

二、一脚蹬地，另一腿摆动翻上成支撑

动作要领：站立悬垂开始，屈臂握杠，一腿后举，后腿经前向上、向后用力摆起，另一脚蹬地迅速赶上摆动腿同时肩后倒(保持屈臂)，积极用腹部贴杠，当腹部贴杠两腿至杠后水平部位时，制动腿，上体抬起，翻腕上成支撑，如图 7-40 所示。

图 7-40 一脚蹬地，另一腿摆动翻上成支撑

动作规格：支撑时，腿不低于杠后水平下 45°。

保护与帮助：保护者站在练习者侧方，一手托其腰臀部，另一手拨肩，助其翻转。翻上后，一手托肩，另一手托腿。

练习方法：(1)在蹬地处放助跳板做。

(2)帮助下练习。

三、悬垂慢翻上

动作要领：由悬垂开始，屈臂引体，同时收腹向杠后上方举腿，上体后倒，腹部积极贴杠，当腹部靠杠两腿至后方水平部位时，两腿制动，接着上体抬起，翻腕、抬头上成支撑，如图 7-41 所示。

图 7-41　悬垂慢翻上

动作规格：匀速用力，支撑时腿不得低于杠后水平下 45°。

保护与帮助：保护者站在练习者的侧方，一手托练习者的腰臀部，一手托其肩部。

练习方法：(1)练习低杠慢翻上成支撑。

(2)帮助下完成动作。

四、支撑单腿摆越成骑撑及还原

动作要领：由支撑开始，右手推杠，重心移至左臂，接着右腿迅速侧摆越杠，然后身体重心移回，同时右手握杠成骑撑，如图 7-42 所示。

图 7-42　支撑单腿摆越成骑撑及还原

动作规格：支腿摆越，两腿保持伸直，动作果断。

保护与帮助：保护者站在杠后左侧，左手扶练习者左臂，右手扶其左腿。

练习方法：(1)站立，手持体操棍于腹前，做单腿向前摆越的模仿练习。

(2)在横箱(马)上做单腿前摆越成骑撑。

(3)在保护帮助下完成动作。

五、骑撑前回环

动作要领：由右腿骑撑两手反握开始，直臂顶肩撑杠同时右腿向前上跨出，左大腿下部靠杠，立腰，上体挺直前倒。当身体回环接近杠后水平部位时，右腿后部的根部贴杠并向前下方压杠，展髋，左腿继续后摆，同时向上挺胸直臂压杠，翻腕上成骑撑，如图 7-43 所示。

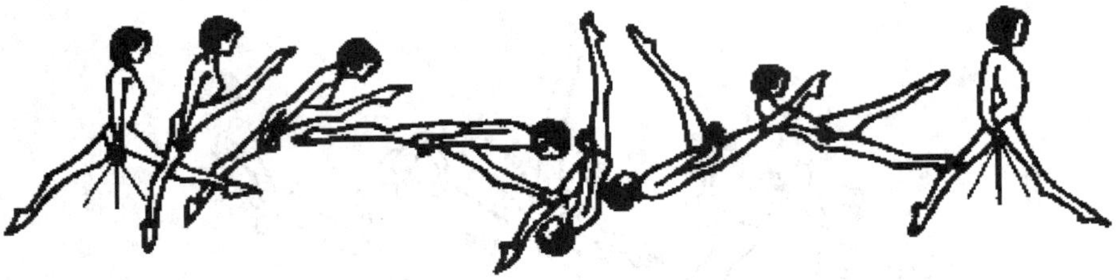

图 7-43 骑撑前回环

动作规格：直臂直腿回环，两腿夹角要大于 90°。

保护与帮助：保护者站在杠后右侧，右手从杠下翻握练习者右手腕，左手从杠下托送其大腿，待身体回环过杠下垂直部位后，左手换托其背，右手换压其右大腿帮助上成骑撑。

练习方法：(1)帮助者在杠前托练习者右小腿，让他体会右腿前跨，上体挺直前倒的动作。

(2)在杠后托练习者背部，让他体会伸髋压杠的动作。

(3)前后分腿立，手持体操棍于胯下，做顶、立、跨的模仿练习。

(4)在杠前设一标志物，让练习者右腿前跨触标志物做前回环。

六、支撑后回环

动作要领：由支撑开始，两腿稍前摆，接着后摆，使身体高于杠水平面。当腿下落腹部接近杠时，上体迅速后倒，两腿前摆稍屈髋，两臂压杠使大腿上部靠杠回环。当肩过杠下垂直部位后，制动两腿，同时迅速抬上体，展髋，翻腕上成支撑，如图 7-44 所示。

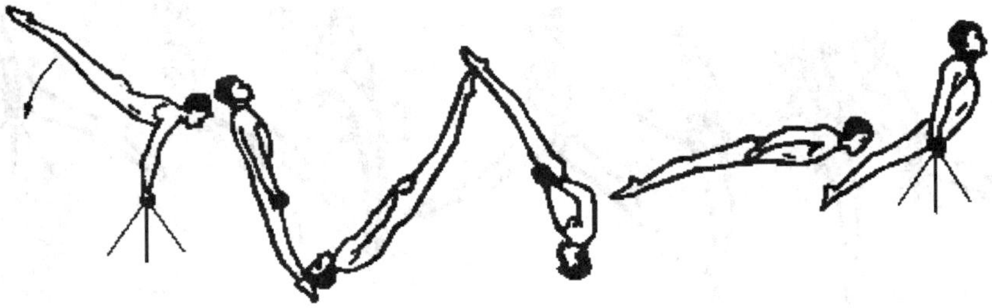

图 7-44 支撑后回环

动作规格：直臂直体回环、动作连贯。

保护与帮助：保护者站在杠前侧方，一手从杠下翻握练习者手腕。当两腿下落时，一手托腰臀部，使大腿上部靠杠。当抬上体时，一手从杠下托着大腿，另一只手换托其肩。

练习方法：(1)支撑后摆还原成支撑。

(2)后点地立，手持体操棍于腹前，做单腿稍前摆，接着后摆(含胸顶肩)，上体迅速后倒，单腿前摆稍屈髋的模仿练习。

(3)保护帮助下做完整练习。

七、骑撑后腿向前摆越同时转体180°成支撑(以右腿骑撑为例)

动作要领：由右腿骑撑，右手反握开始，重心移至右臂，左手松杠，上体稍向右后倒。以右臂为轴同时转髋向右转体180°，用上体带动左腿后举越杠，左手换握杠成支撑，如图7-45所示。

图7-45　骑撑后腿向前摆越同时转体180°成支撑

动作规格：转体时保持直腿挺身，动作连贯平稳。

保护与帮助：保护者站在杠前正面，握住练习者脚尖，并固定高度帮助转体。

练习方法：

(1)在横箱(马)等支撑面稍大的器械上做模仿练习。

(2)在低杠上保护帮助下完成动作。

八、骑撑后倒经单挂膝摆动上成骑撑(以挂右膝为例)

动作要领：由右腿骑撑开始，直臂顶肩向后远端倒体，同时右腿屈膝挂杠，沉肩，上体弧形前摆，同时左腿伸直用力将臀部向前上方送出，然后制动回摆。当臀部摆过杠下垂直部位时，两臂和右膝用力压杠，上体主动前上屈，同时左腿加速后摆，迅速翻腕上成骑撑，如图7-46所示。

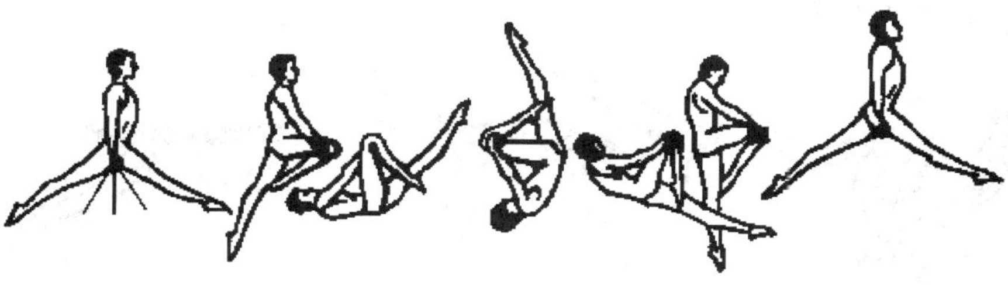

图7-46　骑撑后倒经单挂膝摆动上成骑撑

动作规格：摆动腿直，直臂上成骑撑。

保护与帮助：保护者站在杠前左侧方，后摆挂膝上时，一手托住背部，另一手压摆动腿帮助上成骑撑。

练习方法：(1)单挂膝悬垂摆动练习。

(2)单挂膝摆动上练习。

(3)帮助下做完整练习。

九、骑撑后腿向前摆越同时转体 90°下(以右腿骑撑为例)

动作要领：由右腿骑撑、右手离腿外约 20 cm 处反握撑杠开始，上体右移紧靠右臂，左腿伸直向前摆越，右腿积极压杠向左腿并拢，同时以头和肩带动身体向右转体 90°挺身下，如图 7-47 所示。

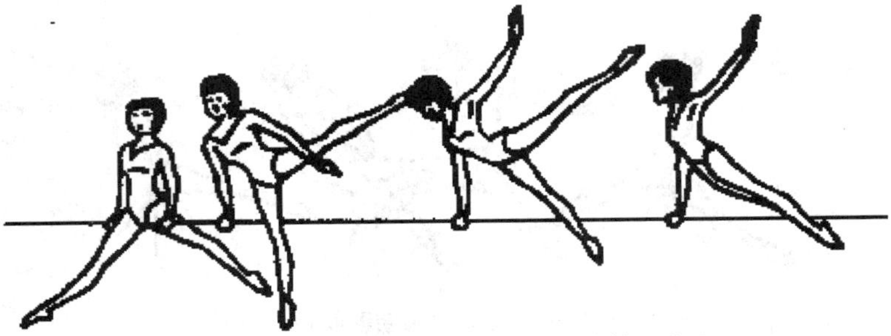

图 7-47 骑撑后腿向前摆越同时转体 90°下

动作规格：杠上完成转体，方向正，动作伸展。

保护与帮助：保护帮助者站在杠前练习者右侧，一手握其右臂肘关节，另一手托其右腿帮助转体挺身下。

练习方法：(1)在平衡木等支撑面稍大的器械上练习。

(2)在帮助下练习，动作由慢到快，体会转体左腿摆越的技术要领。

(3)用语言或在左前侧悬挂标志物，指示摆腿、体重侧移的方向。

十、支撑后摆挺身下

动作要领：由支撑开始，两腿稍前摆，肩稍前倾，接着用力后摆，两臂伸直用力撑杠。当两腿后摆接近极点时，含胸并制动两腿，接着两臂用力顶肩推杠，上体抬起保持挺身落下，如图 7-48 所示。

图 7-48 支撑后摆挺身下

动作规格：后摆腿高于肩水平，推手后有挺身姿势。

保护与帮助：保护者站在杠后侧方，一手握上臂，另一手托腿。

练习方法：(1)做不放手的支撑后摆下。

(2)在帮助下完成支撑后摆成杠上支撑姿势，体会含胸、顶肩、紧腰的动作要领。

(3)在帮助下完成完整动作。

第八章　体操身体素质练习

第一节　身体素质训练概述

一、身体素质的概念

身体素质是指人体在体育活动中，各器官系统表现出的各种能力，包括速度、力量、耐力、灵敏、柔韧等多种身体素质，标志着人体机能的能力。身体素质是衡量体质状况的一个重要指标。身体素质训练能够有效地提高学生内脏器官，特别是心血管系统、呼吸系统的机能；增强骨骼、肌肉、肌腱和韧带等运动器官功能，并使中枢神经系统机能得到明显改善和提高。身体素质训练对促进学生身体健康和心理健康，增强体质，克服人体的生物惰性，促进新陈代谢改善身体形态，提高各器官系统的机能，发展运动素质，培养良好的意志品质，延长运动生命，提高运动成绩，都有极为重要的作用。而这些作用能够有效地提高机体对外界环境的适应能力和对疾病的抵抗力，对保障人们工作、生活和学习的有序进行也有极其重要的作用。

二、身体素质的分类

身体素质可分为一般身体素质和专项身体素质。一般身体素质训练是指全面发展各种身体素质，为专项身体素质打基础的一种训练方法。训练内容的全面性以及训练手段的多样化是一般身体素质训练的特点；专项身体素质训练是指针对教学、训练和比赛需要，为发展所需的各种身体素质和基本能力而进行的一种身体训练。专项身体素质训练一般采用与专项技术紧密联系的训练手段和方法，在训练内容和手段上具有很强的专项性和针对性，这是专项素质训练的特点。

一般身体素质是专项身体素质的基础，只有全面发展一般身体素质，才能为专项身体素质打下坚实的基础。尽管一般身体素质和专项身体素质的目的任务和手段各不相同，但它们在训练中相辅相成，缺一不可。

三、身体素质的内容

1. 力量素质

力量素质是指肌肉在用力过程中克服或对抗阻力的能力。力量素质主要有四种：相对力量、速度力量、力量耐力和静力力量。

2. 速度素质

速度素质是指人体快速运动的能力。包括人体快速完成动作的能力和对外界信号快速反应的能力，以及快速位移的能力。速度素质包括反应速度、动作速度和移动速度。反应速度是指人体对各种信号快速应答的能力；动作速度是指人体或人体的某一部分快速完成某一动作的能力；移动速度是指人体在特定方向位移的速度。

3. 耐力素质

耐力素质是指机体坚持长时间运动的能力。按人体的胜利系统分类，耐力素质可分为肌肉耐力和心血管耐力。肌肉耐力也称为力量耐力。心血管耐力又分为有氧耐力和无氧耐力。有氧耐力是指机体在氧气供应充足的情况下能坚持长时间工作的能力；无氧耐力也叫速度耐力，它是指机体以无氧代谢为主要供能形式，坚持较长时间工作的能力。

4. 柔韧素质

柔韧素质是指人体关节在不同方向的运动能力以及肌肉、韧带等软组织的伸展能力，可分为一般柔韧素质和专门柔韧素质。柔韧素质与人体关节活动幅度的大小和跨过关节的韧带、肌腱、肌肉等的延展性有关。对一般人来讲，柔韧性下降主要出现在躯干和下肢，因此，坐位体前屈是测定柔韧素质的主要方法。从事体操练习者应着重发展肩、胸、腰、髋、腿、腕、踝等部位的柔韧性。

5. 灵敏素质

灵敏素质是指人体在各种突然变换的条件下，快速、协调、敏捷、准确地完成动作的能力。它是人的运动技能、神经反应和各种身体素质的综合表现。发展灵敏素质课采用球类、技巧、折线跑、十字变向跑、游戏等方法。

对体育专业学生来说，对身体素质的练习标准比普通健身人群要求更高，更加偏重对学习体操技术动作的需要。只有理解体操身体素质的真正内涵，才能在训练中把握最重要的信息，进行针对性更强的训练，以便科学地提高身体素质。

第二节　体操身体素质训练常用手段

一、力量素质训练

(一)主要手段

(1)负重抗阻力练习：运用杠铃、哑铃、壶铃等训练器械，加大练习者的运动负荷，这是训练力量素质最常用手段，可用于机体任何一个部位肌肉力量的训练。

(2)对抗练习：通过双人顶、推、拉等运动形式，依靠对抗双方以短暂的静力作用发展力量素质。对抗性练习不需要任何训练器械和设备，又可以引起练习者的兴趣。

(3)克服弹性物体的练习：使用拉力器、橡胶皮带等，依靠弹性物体形变而产生的阻力发展力量素质。

(4)利用力量训练器械的练习：利用力量训练器械可以使身体处在各个不同的姿势进

行练习，使锻炼具有针对性，还可以减轻心理负担，避免伤害事故的发生。

(5)克服外部环境阻力的练习：如沙地和草地跑、跳练习等。做这种练习往往在运动结束阶段所用的力量较大，每次练习要求不用全力，动作要轻快。

(6)克服自身重力的练习：如引体向上、倒立推起、纵跳等。这类练习均由四肢的运动支撑完成，迫使机体局部承受体重，使机体局部的力量得到发展。

(7)电刺激：用电刺激发展肌肉力量是将电极放置于肌肉的起止端，电流强度以人体不感觉到痛苦为宜。经过刺激后，肌肉体积没有明显增大，脂肪减少，力量得到提高。

体操运动员力量练习的重点部位是：上肢及肩带力量，躯干的腹肌、背肌和侧腰肌，下肢快速力量等。

(二)注意事项

1. 力量素质的发展要全面而有重点

在发展力量素质的过程中，一方面应使四肢、腰、腹、背、臀等部位的大肌肉群和主要肌肉群得到锻炼和提高，另一方面也要注意发展那些薄弱的小肌肉群的力量。因为体操运动中的许多动作是很复杂的，需要身体各个部位大小不同的肌群系统工作才能完成，所以发展不同类型的力量素质并不意味着要面面俱到，平均发展，而应该在全面发展的基础上针对项目特点有所侧重。

2. 紧密结合项目特点和专项技术安排力量训练

不同的体操动作有各自不同的技术结构，因此参加工作的肌肉群的力量也不同。每一个力量练习动作都有各自的技术规格要求，练习者只有按照技术规格要求去操作，才能发展肌肉群的力量。否则，技术动作变了样，参与活动的肌群也就有所改变，势必影响力量训练的效果。例如，做深蹲练习时，正确的动作要求是挺胸直腰，腰背肌收紧以固定脊柱，主要依靠膝关节的屈伸，同时也伴随髋关节的一定屈伸来完成动作。这样既安全可靠，又能保证膝关节力量得到很好发展。可很多练习者往往总是弓着腰练习，尤其是当站不起来时，腰弓得更加厉害，这样就很容易造成腰部损伤。

3. 进行力量练习时，要全神贯注，念动一致，注意安全

肌肉活动总是在中枢神经系统的调节下进行的，练习时要全神贯注，练习到哪里就想到哪里，使意念活动与练习动作紧密配合，这样有助于肌肉力量得到更好发展。特别是进行大负荷练习时不能说说笑笑，注意力应高度集中，否则容易受伤。此外，还应注意加强自我保护和互相保护，尤其是在举或肩负极限重量时。

4. 进行力量练习时，要掌握正确的呼吸方法

憋气有利于固定胸廓，提高腰背肌紧张程度，因此可提高练习时的力量，所以极限用力往往要在憋气的情况下进行。当然，用力憋气会引起胸廓内压力的增加，使动脉的血液循环受阻，而导致脑贫血，甚至产生休克。为了避免产生不良后果，力量训练时必须注意以下几点：

(1)当最大用力的时间很短，尤其在重复做用力不是很大的练习时，应尽量不憋气。

(2)避免用憋气来完成练习。对刚开始训练的人，所采用的极限和次极限用力的练习不要太多，并让其学会在练习过程中完成呼吸。

(3)在完成力量练习前不应做最深的吸气，因为力量练习时间短，吸的气并不会立即在练习中产生作用。相反，深度吸气增加了胸廓内的压力，此时如再憋气就可能产生不良反应。

(4)用狭窄的声带进行呼吸，也可以达到与憋气同样大的力量指标。因此，做最大用力时可采用慢呼吸来协助最大用力练习的完成。

5. 要采用大负荷与循序递增负荷进行训练

大负荷是指训练的负荷强度大和训练重量大，一般要采用某人所能承受的最大负荷或接近最大负荷来进行训练。因此采用大负荷能迫使肌肉进行最大收缩，能刺激人体产生一系列的生理适应变化，从而导致肌肉力量的增加。为了达到大负荷，训练时无疑要保持较大的强度，或者要保持较大的数量(次数或组次)。当力量增长后，就必须循序渐进递增负荷。

6. 练习时要使肌肉充分拉长和收缩，练习后要充分放松肌肉

每次练习时应使肌肉充分伸展拉长，然后再收缩，动作幅度要大，因为肌肉被拉长后可以增大收缩力量，同时又可以保持良好的弹性和收缩速度。力量训练后肌肉常常会充血变得僵硬，这时应该做一些与力量练习动作相反的拉长动作，或者做些按摩和抖动，使肌肉充分放松，这样既可以加速疲劳的消除，又有助于保持肌肉良好的弹性和收缩速度。

7. 力量素质训练要系统科学安排、不间断

研究表明，力量增长得快，停止训练后消退也快。如果停止了力量训练，已获得的力量将会按正常速度的三分之一消退。通过训练获得的力量，停止训练后虽然会逐渐消退，但一部分力量会保持很久，甚至会永远保持下来。发展力量的训练不宜在疲劳的状态下进行，这种状态下的练习不是发展力量，而是发展耐力。实验证明，对刚开始训练的人，每周 3 次力量训练要比 1～2 次或 5 次的效果更好。

二、速度素质训练

(一)主要手段

(1)位移速度训练：30～60 m 快速跑；下坡跑、上坡跑；扶肋木或墙后蹬跑；高抬腿练习等。

(2)专项技术速度训练：屈臂俯撑快速推起击掌；俯撑快速爬行；靠墙快摆倒立；快速仰卧起坐、举腿或俯卧快速抬上体、举腿；连续侧手翻、后手翻、前手翻、头手翻等。

(二)注意事项

(1)依据时间、练习内容和运动负荷三个方面来确保速度素质训练的有效性。选择技术成熟的动作，以最快的速度来重复完成。

(2)由于速度素质不易转移，因此要尽可能地选用专项技术本身的动作来完成。

(3)速度素质训练要多样化和多元化，可采用游戏或竞赛的形式来提高中枢神经的兴奋水平。

三、耐力素质训练

(一)主要手段

(1)一般耐力：发展心肺功能耐力时，可用300 m、400 m跑等锻炼无氧耐力；用1500 m以上的有氧耐力跑或计时跳绳等锻炼有氧耐力。发展力量耐力时，可用多组重复力量动作。如摆动双臂屈伸、肋木悬垂举腿、仰卧两头起、俯卧两头起、靠墙倒立等。

(2)专项耐力：发展专项耐力时，可采用基本动作的多次重复和基本难度动作多次重复。例如，双杠支撑摆动手倒立、连续支撑摆动后倒挂臂接屈伸上、技巧前手翻、连续后手翻，以及联合动作或成套动作多组重复练习。

(二)注意事项

(1)一般耐力与专项耐力的训练比例根据不同训练内容和不同对象而不同。

(2)专项耐力的训练以有氧训练开始。

(3)专项耐力的训练应该达到或超过比赛的量和强度。

四、柔韧素质训练

(一)主要手段

柔韧性练习有主动拉伸和被动拉伸两种不同的练习方式。主动拉伸是指主要依靠收缩肌肉的力量，而不是其他外力使动作保持在某一特定位置；被动拉伸是指利用自身体重或器械以及同伴使肢体保持一定的伸展位置。

根据体操项目的特点和要求，主要发展肩、胸、腰、髋、腿、腕、踝部柔韧性。

1. 肩、胸部

(1)体前屈压肩：面对肋木站立，两手握肋木体前屈向下压肩(两人或多人体前屈压肩)。

(2)弓步拉肩：背对肋木站立，两手后举反握肋木，弓步向前拉肩。

(3)俯卧外力拉肩：练习者俯卧在垫上，两臂屈肘交叉在肩上，同伴双手拉其肘关节处，膝关节顶住并控制背部，帮助练习者开肩。

(4)吊肩：在肋木或杠上做正握吊、反握吊、交叉臂吊灯，利用身体重量发展柔韧性。

(5)转肩：两手握体操棍、把杆或低杠做向前、向后的转肩顶住，双手的距离因人而异。

2. 腰部

(1)体前屈：站立或坐位体前屈，尽量用下巴去触及脚；把脚垫高的分腿坐体前屈等。

(2)体后屈：仰卧成桥，站立向后下桥，甩腰等。

3. 髋关节、腿部

主要指单腿向前、侧、后三个方向的运动幅度，它与髋关节周围的肌肉、韧带有很大关系，主要手段有劈叉、压、搬、踢等。

4. 踝部

跪坐压脚背、直角坐外力压脚背。

5. 腕部

常见的练习手段有自搬手腕使手腕充分拉伸、撑地重心前移使手腕充分拉伸等。

(二)注意事项

1. 分钟柔韧素质与力量素质相结合

分钟柔韧素质与力量素质相结合，不仅可以避免或消除两者之间不良转移，而且有利于两种素质的协调发展。柔韧性练习后要十分注意放松练习，以使肌肉柔而不软、韧而不僵。

2. 注意柔韧性练习与温度和时间的关系

外界温度过高或过低，将会影响肌肉的状态和伸展能力。一般来说，当外界温度在18℃时，有利于柔韧性的表现。在一天之内，早晨柔韧性明显要低，10～18 时可表现出较好的柔韧性。但这不等于早晚不能进行柔韧性练习，只要做好准备活动，一天之内任何时候都可以进行柔韧性练习。

3. 应保持经常性的柔韧练习

柔韧性发展快，消失也快，停止练习时间稍长一些，就会衰退，因此，发展柔韧性要保持经常练习。如果处于专门提供关节活动幅度阶段，每天都要安排发展柔韧性的练习。在全年训练的任何一个时期，都要安排发展或保持柔韧性的练习。

4. 柔韧性练习应注意循序渐进

柔韧性练习时，特别要注意循序渐进，动作幅度要由小到大，用力要柔和，以防止撕裂和拉伤。在练习中要注意与放松练习交替进行，防止因肌肉拉伤而失去弹性和收缩能力。在大运动量后或在疲劳情况下，不宜做柔韧性练习。

5. 采用多种手段发展柔韧性

不能把拉伸练习作为柔韧性练习的唯一手段，在很多情况下，可持续慢跑结合一些动力性柔韧性；练习也是很好的练习方法。

6. 儿童少年柔韧性练习的注意事项

(1)发展儿童少年的柔韧性较为容易，这是因为儿童少年与成年人相比关节面角度大、关节面软骨厚、关节内的韧带较松弛等缘故。一般来说，要抓紧 7 岁以前进行柔韧性练习，力争在 12 岁以前使柔韧性得到较好的发展。

(2)发展儿童少年的柔韧性练习应多采用“缓慢式”和“主动”的活动。这是因为儿童少年关节牢固性差，骨骼易弯曲变形，长时间用手掰、压等，容易造成关节、韧带的损伤和骨骼的变形，不利于促进孩子的健康成长。

(3)儿童在3～6岁生长发育较快，身高、体重明显增加，柔韧性下降，骨骼能承担的负荷较弱，易出现骨骼损伤。因此，要防止过分扭转肌肉和骨骼的运动，以免造成损伤。16岁以后，可逐渐加大柔韧性练习的负荷量和强度。

五、灵敏素质练习

(一)主要手段

1. 发展一般灵敏素质的手段

(1)在跑、跳中迅速、准确、协调地完成各种动作。例如在跑步中做迅速改变方向、快速急停、迅速转体等。

(2)集体跳长绳、双人跳绳、双摇跳绳、转体跳绳；立卧撑跳转体、跳起转体、屈体跳、分腿跳等。

(3)各种变换方向的追逐性游戏和对各种信号刺激做出正反应答动作的反应练习。例如叫号追人、喊数抱团、反口令练习等。

2. 发展专项灵敏素质的手段

(1)各种滚翻、手翻、空翻等练习。

(2)技巧动作组合练习。

(3)各种器械动作练习。

(二)注意事项

(1)灵敏素质要从儿童少年时期开始培养。灵敏素质的生理学基础是在中枢神经系统指导下，将身体各种能力包括力量、速度、柔韧、灵敏等综合素质表现出来。神经系统是人体发育最早最快的系统，儿童具有发展神经系统的优越条件。例如，儿童6～12岁节奏感较好，7～11岁具有良好的空间定向能力，12岁具有良好的反应能力，这些都为发展灵敏素质提供了良好的条件。女子进入青春期，由于体重增加，内分泌系统也发生了变化，就会影响到灵敏素质的训练与表现。

(2)应根据不同专项的要求采用不同手段，运用不同方法，发展灵敏素质。

(3)灵敏素质训练一般安排在训练课的前半部分，在练习者体力充沛、精神饱满时进行。

(4)在进行灵敏素质训练时，应采用多种手段，消除恐惧心理和紧张状态，以保证训练效果。

第三节　体操专项身体素质训练方法

一、上肢及肩带力量

1. 斜身引体向上(图 8-1)

图 8-1　斜身引体向上

2. 悬垂引体向上(图 8-2)

图 8-2　悬垂引体向上

3. 双杠支撑臂屈伸(图 8-3)

图 8-3　双杠支撑臂屈伸

4. 双杠支撑摆动臂屈伸(图 8-4)

图 8-4 双杠支撑摆动臂屈伸

5. 双杠支撑"行走"(图 8-5)

图 8-5 双杠支撑"行走"

6. 靠墙倒立(图 8-6)

图 8-6 靠墙倒立

7. 俯卧推手击掌(图 8-7)

图 8-7 俯卧推手击掌

8. 推“小车”（图 8-8）

图 8-8　推“小车”

9. 俯撑“爬行”（图 8-9）

图 8-9　俯撑“爬行”

二、躯干力量

1. 仰卧起坐(图 8-10)

图 8-10　仰卧起坐

2. 仰卧收腹举腿(图 8-11)

图 8-11　仰卧收腹举腿

3. 斜板仰卧起坐(图 8-12)

图 8-12 斜板仰卧起坐

4. 斜板收腹举腿(图 8-13)

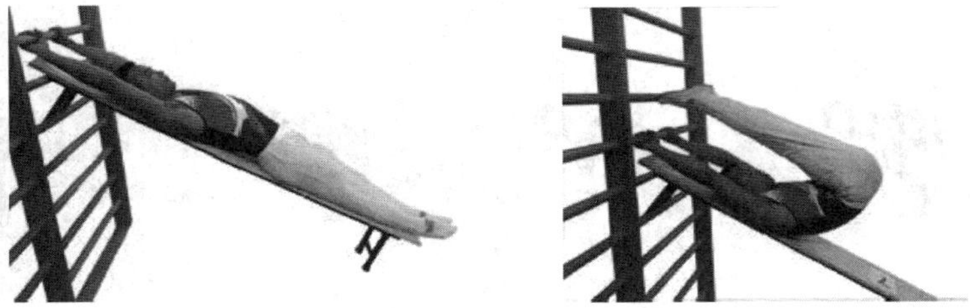

图 8-13 斜板收腹举腿

5. 单杠悬垂收腹举腿(图 8-14)

图 8-14 单杠悬垂收腹举腿

6. 单杠悬垂收腹绕腿(图 8-15)

图 8-15 单杠悬垂收腹绕腿

7. 俯卧抬上体(图 8-16)

图 8-16　俯卧抬上体

8. 俯卧后举腿(图 8-17)

图 8-17　俯卧后举腿

9. 仰卧两头起(图 8-18)

图 8-18　仰卧两头起

10. 俯卧两头起(图 8-19)

图 8-19　俯卧两头起

11. 侧卧抬上体(图 8-20)

图 8-20　侧卧抬上体

12. 仰卧“搭桥”(图 8-21)

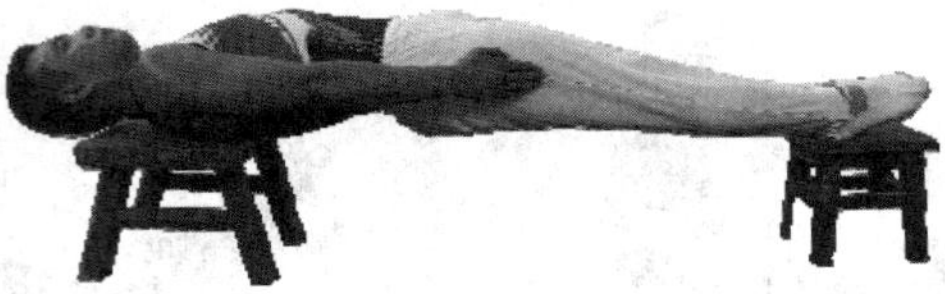

图 8-21 仰卧“搭桥”

13. “平板”支撑(图 8-22)

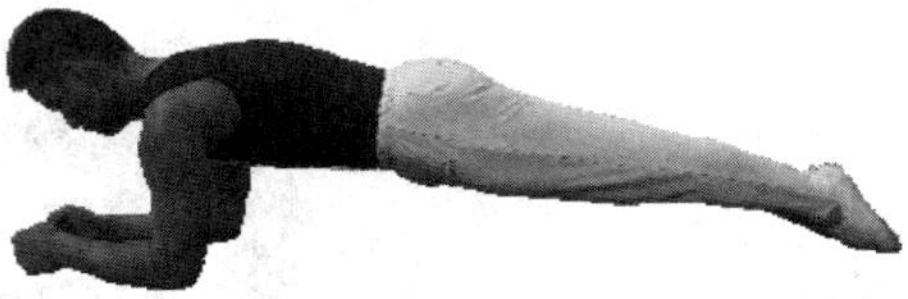

图 8-22 “平板”支撑

14. 侧撑控腿(图 8-23)

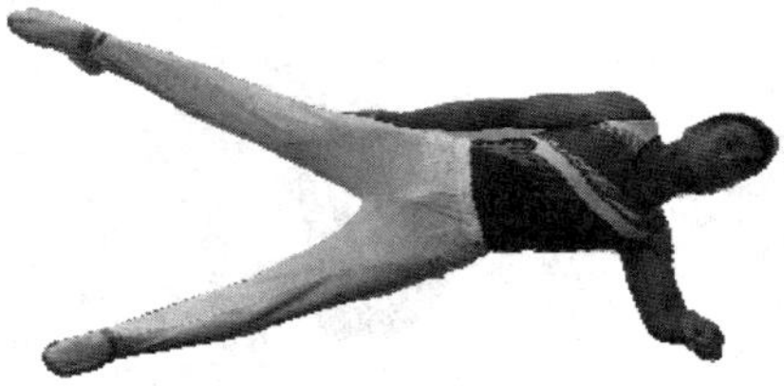

图 8-23 侧撑控腿

三、下肢力量

1. 蹲起(图 8-24)

图 8-24 蹲起

2. 把杆控腿(前、侧)(图 8-25)

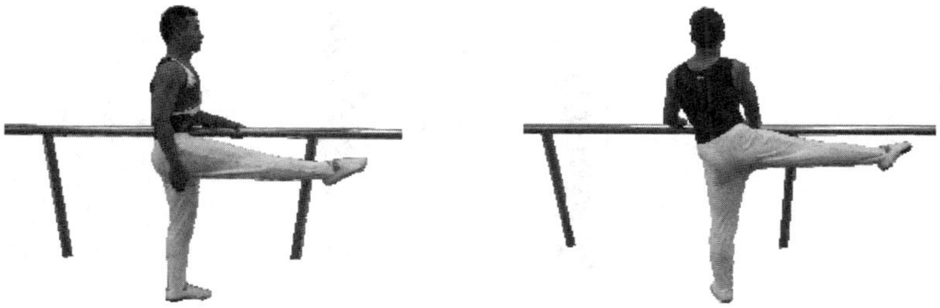

图 8-25　把杆控腿

3. 手扶把杆提踵(图 8-26)

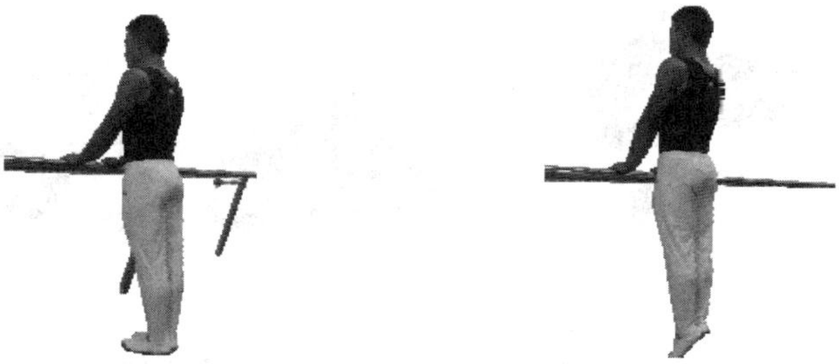

图 8-26　手扶把杆提踵

4. 仰卧负重蹬腿(图 8-27)

图 8-27　仰卧负重蹬腿

5. 负重蹲起(图 8-28)

图 8-28　负重蹲起

6. “冰棍”跳(图 8-29)

图 8-29 “冰棍”跳

7. 团身跳、狼跳、屈体跳和屈体分腿跳(图 8-30)

团身跳 狼跳 屈体跳 屈体分腿跳

图 8-30 团身跳、狼跳、屈体跳和屈体分腿跳

四、柔韧练习

1. 跪压脚背(图 8-31)

图 8-31 跪压脚背

2. 正压肩、后拉肩、侧拉肩、正握悬垂拉肩、翻握后悬垂拉肩、转肩(图 8-32)

正压肩 后拉肩 侧拉肩

正握悬垂拉肩

翻握后悬垂拉肩

转肩

图 8-32　肩部柔韧

3. 站立体前屈、并腿做体前屈、分腿做体前屈(图 8-33)

站立体前屈

并腿做体前屈

分腿做体前屈

图 8-33　腿部柔韧

4. 体后屈(图 8-34)

图 8-34　躯干柔韧

5. 压腿(前、侧、后)(图 8-35)

图 8-35 压腿

6. 踢腿(前、侧、后)(图 8-36)

图 8-36 踢腿

7. 劈叉(纵、横)(图 8-37)

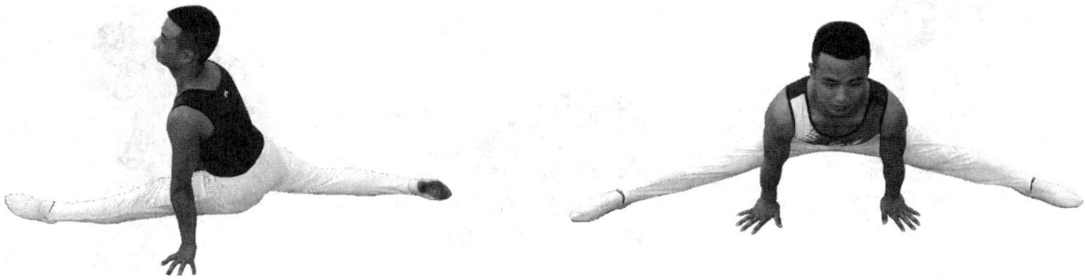

图 8-37 劈叉

附件 8-1

表 8-1 体操专项身体素质测试项目及标准

项目/学期/分值	靠墙手倒立/s		站立体前屈/cm		臂屈伸(男)/次	摆动臂屈伸(男)/次	俯卧撑(女)/次		引体向上(男)45°斜身引体(女)/次		30 s 仰卧两头起/次	悬垂举腿/次
	一	二	一	二	一	二	一	二	一	二	一	二
100	100	120	4	6	20	20	20	24	20	24	35	20
95	95	115	3	5	19	19	19	23	19	23	32	19

续表

分值 \ 学期 \ 项目	靠墙手倒立/s		站立体前屈/cm		臂屈伸(男)/次	摆动臂屈伸(男)/次	俯卧撑(女)/次		引体向上(男)45°斜身引体(女)/次		30 s仰卧两头起/次	悬垂举腿/次
	一	二	一	二	一	二	一	二	一	二	一	二
90	90	110	2	4	18	18	18	22	18	22	30	18
85	85	105	1	3	17	17	17	21	17	21	27	17
80	80	100	0	2	16	16	16	20	16	20	25	16
75	75	95	−1	1	15	15	15	19	15	19	23	15
70	70	90	−2	0	14	14	14	18	14	18	22	14
65	65	85	−3	−1	13	13	13	17	13	17	21	13
60	60	80	−4	−2	12	12	12	16	12	16	20	12
55	55	75	−5	−3	11	11	11	15	11	15	19	11
50	50	70	−6	−4	10	10	10	14	10	14	18	10
45	45	65	−7	−5	9	9	9	13	9	13	17	9
40	40	60	−8	−6	8	8	8	12	8	12	15	8
35	35	55	−9	−7	7	7	7	11	7	11	13	7
30	30	50	−10	−8	6	6	6	10	6	10	12	6

测试要求：

(1)靠墙手倒立：必须独立摆成手倒立，只能用脚跟靠墙。

(2)站立体前屈：两脚跟必须并拢，两腿必须伸直。

(3)俯卧撑：身体必须保持伸直，头是身体延长线，屈臂时肩必须平于或低于肘关节。

(4)引体向上(或斜身引体)：下颚必须超过杠面。

(5)仰卧两头起：两腿必须保持伸直并拢，两手触及脚尖。

(6)悬垂举腿：可以在单杠或肋木上完成，举起时两腿必须伸直并拢，与上体夹角不能小于45°。

组织教学篇

第九章　体操课的组织与教学

第一节　体操课的组织

一、课堂组织的特点

体操教学的课堂组织形式随着社会的发展在不断变化，其形式有班级授课制和个别教学形式。

(1)全班集体上课，教师安排具体的教学任务，学生按照统一的教学程序，系统地、有计划、有步骤地、循序渐进地学习，并达到预定的教学目的。

(2)课堂教学内容与形式要按照课表进行。上课时间固定，每节课的时间也相同。

(3)课堂教学是师生双方教与学的活动，需要师生相互配合。在教学活动中，师生互相接触并传递信息。它作为解决教学问题的主要途径和方式，也是师生双向交流的固定形式。

二、课堂教学是体操教学的基本组织形式

课堂教学是体操教学的基本组织形式。体操教学质量的高低，关键就决定于课堂教学效果。自20世纪50年代以来，在我国一直运用课堂教学的基本组织形式，为国家培养了大批体育人才，充分说明了课堂教学的优越性。

每节课本身就是一个完整的教学系统，它有着严密的、统一的内部逻辑联系，这种逻辑联系受到教学目的、内容、手段、方法的制约。因为要完成教学任务，就要按教学阶段和每节课分配教学内容，而全部的教材内容又都是在每节课中分别进行的。教师通过课的形式，按照教学大纲上规定的教材内容，采用各种教学方法，与学生进行教和学这个活动。课堂教学使教材内容不断地在每节课中推进，并不断深化和提高，保证了体操教学任务的顺利实施。

课堂教学也有不足，其不足之处在于教学的“同步化”，有时忽略了学生的个别差异，不利于充分发挥学生的潜在能力。特别是现代化教学手段的运用，将会对体操课的教学的性质、课的结构、形式及职能产生影响和变化。因此，在目前继承课堂教学形式的基础上，应注意与学生学习知识、技术与培养能力相结合，面向全体学生与因材施教相结合，集体教学与个别教学相结合，真正使学生成为学习的主人，把体操课堂教学改革推向一个新的阶段。

三、体操教学课的类型

根据教学目的、任务、教材内容、教学方法及要达到的教学效果而划分体操教学课的类型。教材可根据不同课的教学任务，恰当地选择相应的某一类型体操教学。每一类型的课都是为实现整个教学系统中的一个教学环节而设计，这种教学环节对于提高课堂教学质量及保证全部教学工作的完整性与系统性有重要的意义与作用。

根据体操课的类型依据，可采用的课型有以下几种。

1. 理论课

理论课的主要任务是传授体操的基本理论知识。要求在各年级的学期中进行，且应注意选用多种现代化的教学方法和手段，以提高理论课的质量和效果。

2. 技术课

技术课的任务是向学生传授体操基本技术和技能，是一种实践性很强的课型。在课上教师要通过对动作的示范和讲解，运用不同的教学方法和手段，使学生熟练地掌握动作技术，学会保护帮助及纠正错误动作等技能，达到会做、会讲、会教的要求。

3. 复习巩固课

复习巩固课的主要任务是进一步加深学生对已学过的知识、技术和技能的理解和掌握程度，巩固和提高动作的规范性。这类课型多用于基本掌握某一动作后，或者在期中、期末的复习阶段。

4. 教法作业课

该课型的主要任务是通过教师对具体动作技术及教法的分析，同时在学生参加并在课堂上实际体会和操作的情况下，使学生加深理解所教动作的实质。这种教师的讲课和学生的具体实践，使学生把学过的基础理论知识与分析动作结合起来，提高学生实际运用和分析教法的能力。

5. 实习课

实习课就是在教师的指导下，由学生亲自操作体操课的进行，使学生把学得的知识、技术转化成基本教学能力。这种课型的优点，一是可以检查和了解学生掌握的体操知识、技术、技能方面的情况。如发现有不足之处，教师可在其他课上有针对性地进行教学，达到强化能力教学的作用。二是通过这种课型，可以使更多学生更加深刻和熟练地掌握体操知识、技术和技能，把学生的被动学习变成主动学习。

四、体操课的结构

体操课的结构就是指课的几个主要组成部分及各部分进行的顺序和时间。由于课型的不同，组成课的结构就不同。有时虽然是同一类型的课，由于授课年级和运用教法的不同，其结构也不相同。多年来，在高等学校体育专业体操技术课的结构中，一直沿用由三个或四个部分组成课的结构进行教学。体操课的基本组成如下。

1. 准备教学

它是保证体操教学工作正常有序进行的基本条件。其任务是做好课的准备工作和进行一定的教学内容。如让学生明确教学的内容、任务、要求，进行队列队形练习或徒手体操练习及一些专项的准备活动与辅助练习，使学生从心理上、生理上作好充分准备，以完成课的主要任务。

2. 讲授新内容

它一般是在课的基本部分进行，这是一节课最主要的组成部分。其目的是使学生学习和掌握新知识、新技术。任课教师通过讲解、示范，学生通过实际练习，让学生感知、领会、记忆，最后达到掌握新动作的知识和技术的要求。在教学中，教师要发挥教学的主导作用，并运用启发式教学方法，逐步引导学生理解动作的难点、重点，有效地掌握技术和有关的保护帮助方法，并注意发展学生的智能。

3. 巩固和提高所学的内容

这也是在课的基本部分中进行的，是复习、巩固和提高所学内容的阶段。在此部分中，学生通过多次重复练习，使动作技术得到巩固与提高，并在体操知识和技能上也得到加深理解和熟练运用。

教师应鼓励学生在练习中提出问题，师生双方可共同讨论分析。教师发现学生有错误，应该及时纠正和补救，使学生通过该部分的教学，较好地掌握和强化学过的内容。

4. 提高学生的身体素质

运用各种练习手段，提高学生的身体素质，也是课的一个组成部分。这一般是在课的结束部分进行。另外，在课的进程中，教师要有目的地培养学生观察、分析和解决问题的能力，使学生学会在各种条件下，能运用已获得的知识、技术和技能，解决教学实践中出现的某些问题并完成学习任务。

5. 教书育人

这也是体操教学课中的主要组成部分，其目的是在全部教学过程中，始终贯彻教书育人的思想。教师不仅要传授知识、技术与技能，还要结合教学实际，有针对性地对学生进行思想、品德、修养等方面的教育，使学生成为全面发展、德才兼备的专业人才。

6. 结束教学

这是课的结束部分，实际上它是课堂教学的延续和补充。其内容，一是在身体上进行某些放松练习；二是教师认真、全面而简要地对本课教学活动进行小结，其包括学习情况、学习效果与不足，学生的组织纪律及思想表现等情况，还可布置课外作业与下次课的教学内容，使课堂和课外联系起来，体现出体操教学的系统性和完整性。

以上六个部分组成了体操技术课的整个教学过程，它们都有自己的地位、作用和影响，彼此密切联系。教师应根据不同的教学任务，有选择地采用不同层次组合、不同结构的课，从而有效地发挥课的结构的作用。

第二节　队列队形教学

队列队形练习是基本体操的内容之一，也是体育教学和军事训练中的重要组成部分。它能培养学生正确的身体姿势，促进身体的正常发育，还能加强学生的组织纪律性和协同一致的集体主义精神。同时，在体育教学中合理地采用队列队形练习，还有助于教学任务的完成并提高教学质量。

一、基本教法

在队列队形的教学中，根据教学内容的不同，主要还是采用讲解与示范法，分解与完整法。由于队列队形的动作比较简单，有时教师也可以采取边讲解边示范的方法。在采用讲解与示范法时，一般是先示范后讲解；或先完整示范再做分解动作。在学生练习时，既可以先完整练习后分解练习，也可以先分解练习后完整练习。在学习较复杂的动作时，可采用逐步分解至完整动作的练习方法，即根据动作的结构和顺序，教师一拍一拍地下口令，学生按节拍完成动作。这样，学生能分别掌握动作的各个部分，教师也能在下达口令之前纠正学生的错误动作，待学生基本完成动作后，即可连贯练习完整的动作。

二、教学组织形式和练习内容安排

在队列队形的教学组织形式上，一般是先整体的队列队形练习，在学生掌握到一定程度后，也可以采用分队练习，一对一的练习或个人体会动作。有些动作的组织形式，也可以采取先分后合或先个人体会动作再统一练习的方法。

在队列队形的练习内容安排上，一般是先学习原地队列动作，后学习行进间队列动作，最后进行队形的教学和练习。在原地队列动作的教学时，学生应成横队排列；在行进间队列练习时，有时是横队，有时也可以是纵队练习。

三、严格要求，以身作则

队列队形练习是一种严格姿态、动作整齐、精神饱满的练习。作为教师，在教学中首先要姿态端正、精力充沛、认真严肃、以身作则，并要求学生一切行动听指挥，严守队列纪律，动作迅速、准确、协调一致，并能把队列队形练习中的精神面貌和集体主义思想贯彻到日常生活中去。

四、准确运用口令

口令是指用简短的术语下达的口头命令。准确的口令是使练习者达到动作协调一致、整齐划一的重要因素之一。

（一）口令的要素

口令是队列队形练习时，指挥员下达的口头命令。口令一般包括预令和动令两个要素，有少数口令只有动令而无预令。预令必须清楚、洪亮，长短视队伍的大小而定，在双人或多人练习时要稍长一些，以给学生充足的准备时间；动令必须短促有力，音调高于预令，使学生果断地开始行动。

(二)口令的种类

根据预令和动令两个要素的配合与变化，口令一般可分为短促口令、断续口令、连续口令和复合口令4种。

1. 短促口令

短促口令的特点是只有动令，没有预令。由独立词(句)组成，这个独立词(句)既说明动作的性质，又命令动作开始。不管字数多少，每个字之间不停顿，不拖音。发口令时，通常按音节(字数)平均分配时间，发音短促、洪亮、有力，如“稍息!”“跨立!”“报数!”“蹲下!”“起立!”等。队列人数较多时，有些短促口令的最后一个字音可稍拉长，如“立正——!”等。

2. 连续口令

连续口令由预令和动令组成，它的特点是预令的拖音与动令相连，有时预令和动令之间有微歇。预令拖音稍长(拖音的长短以人数多少而定)，动令短促、洪亮有力。如“立——定!”“向后——转!”“向右看——齐!”“齐步——走!”等。

3. 断续口令

断续口令也是由预令和动令组成，它的特点是预令和动令之间有停顿，预令后面不拖音，动令短促有力。如“第5名，出列!”“第一列，蹲下!”“以×××为基准，靠拢!”等。

4. 复合口令

复合口令兼有连续口令和断续口令的特点。它的预令由前后两个部分组成，预令的前部分不拖音，有断续口令特点；预令的后部分一般都带有拖音，并与动令相连，有连续口令的特点。如“左后转弯，齐步——走!”“伸展运动，预备——起!”等。

(三)下达口令的基本方法

教师(指挥员)的口令是指挥学生(练习者)协同一致动作的命令，它具有很强的感染力。不同的情绪，如精神振奋、急躁、发怒、萎靡不振等，都会通过口令体现出来。因此，口令具有很强的艺术性，每个教师(指挥员)都必须使自己的口令达到规范的要求。口令应该充满生气、准确、清晰、洪亮。

1. 发音的部位要正确

发短促口令时，一般多用胸音(即胸隔膜音)，而发带拖音的口令时，一般都用由小腹向上提气的腹音。发口令时，要使发音器产生共鸣，要避免发喉底音。

2. 预令要清晰、洪亮、悠长

清晰、洪亮、悠长的预令能使学生(练习者)听清楚动作的内容，充分了解教师(指挥员)的意图，做好完成动作的准备。如“跑步——走!”的口令，当教师(指挥员)发出“跑步”的预令时，学生(练习者)都能清楚地知道动作的内容，并做好跑步的准备姿势。预令最忌吐字不清，含糊的预令会使学生(练习者)无法理解教师(指挥员)的意图，当然也就无法做出统一的、协同一致的动作。有预、动令的动作，预令应该稍长，使学生(练习者)有一个动作前的准备。

3. 动令要短促、洪亮、果断

动令是动作开始的命令。动令应以不容置疑的，必须遵照执行的语调下达。动令一下，必须按要求开始做动作。

预令和动令之间微歇时间的长短要根据具体情况而定。一般地说，人数越多，微歇时间相对要长些，反之则短。行进间动作的动令落点一定要准确，这是队列口令的难点。作为教师(指挥员)，必须根据不同情况总结其规律。如“立——定!”动令的落点：在齐步、跑步、正步、踏步中，用“左起右落”，即预令落在左脚上，动令落在右脚上等。

4. 口令的音色、音量要有起伏，口令要有节奏

喊口令时，音色、音量不要平均分配，口令的呼喊要抑扬顿挫。一般地说，口令的起音稍低，逐步向高拔音。如“立正!”的“正”，发音要高；“向右看——齐!”的“齐”，发音要高。最后一个音要有向脑门上“冲”的感觉。在下达口令时，要注意预令、动令和微歇有明显的节奏，这样的口令才会有精神，才会有感染力。

5. 下达口令时要突出主音

在下达口令时，为了使学生(练习者)清楚地了解教师(指挥员)的意图，能准确地完成动作，要把表示动作性质的方向、数字等的字音量加大。如“跑步——走!”的“跑”字，“向后——转!”的“后”字，“向前四步——走!”的“四”字等。

6. 掌握好拖音的长短

为了使队列队形练习时整齐划一、协同一致，教师(指挥员)的口令必须要有规律，节奏明显，节拍清楚。在上课(练习)人数固定情况下，拖音长短应基本固定。如果教师(指挥员)拖音变化无常，就会造成整个队伍和动作的混乱。

口令拖音的长短，一般规律如下：

(1)在呼喊没有预令只有动令的短促口令时，除“立正!”口令尾音可以拉长 1～2 拍外，其他口令尾音一般不拉长，如“稍息!”“报数!”“解散!”等。

(2)在呼喊断续口令时，预令(指示词)后面要短暂停顿(稍歇)，而动令要短促有力，如“成二列横队，集合!”。

(3)呼喊连续口令时，预令的拖音一般要拉长 1～2 拍，并与动令相连接，预、动令之间不要停顿；动令要短促、洪亮、有力。如“立——定!”“向右——转!”“向后转——走!”等。

(4)在呼喊复合口令时，则按上述(2)、(3)要求进行。

在队列口令下达中，特别要防止预、动令不分的现象。产生这个错误的原因，主要是把握不住行进间动令落点的准确性。实际上，口令者也即是指挥者。口令时，不仅语言、音量上应符合口令要求，同时在仪表、形态上也应该端庄、大方、认真、严肃，具有号召力和感染力。

(四)下达口令的位置

下达口令时的位置应适当，不同的队列队形应该有不同的下达口令的位置。在原地的横队练习时，口令者的位置应在队列的中央前面，并与两翼成等边三角形的顶角处；在行进间的横队练习时，口令者应处于横队的侧面中心；在行进间的纵队练习时，口令者一般是位于纵队的侧处；圆形的队形，口令者可根据人数的多少，站于圆内或圆外。

（五）辅助的指挥手段

在队列队形的练习时，除了正确运用口令指挥外，还用下列辅助手段进行指挥。

1. 口笛

在进行行进间的动作时，为了使队伍整齐，用口笛代表口令指挥。此时的笛声长短、快慢，由所做练习的具体情况而定。

2. 伴奏

在队列队形的练习中，也可采用音乐伴奏的形式，指挥队形的变化。这样不仅提高学生的学习情绪，而且还培养学生的节奏感和音乐素养，并能活跃课堂的气氛。

3. 手势

有的队列动作，有时也可以在下达口令的同时，附加适当的手势指挥队伍。此法一般适用低年级、人多或注意力不集中的队伍，也适用于口令词语较长、动作较复杂的练习。在喊口令的同时，附加手势，主要是指示方向和队形。

4. 口号

在行进间的队列队形练习中，为了使步伐一致，速度均匀，提高情绪和活跃气氛，教师还可以领喊口号“一、二、三、四”或“锻炼身体、建设祖国”等一些自编口号。

5. 唱歌

在行进间的练习中，有时还可以让学生高唱进行曲，达到队伍整齐，活跃气氛的目的。但要注意口号和唱歌不宜时间过长、次数过多，达到一定效果即可。

（六）口令和指挥的练习方法

通过学生的实习课可以看出，学生口令的表达效果较差。主要表现是：音量不够，动预令不明显，缺乏节奏，甚至缺乏准确性。因此，学生口令和指挥能力的训练，从学习队列队形的初期就应该开始培养。具体的方法如下。

1. 模仿练习

在开始学习队列队形的动作时，可在基本上掌握了动作要领后，教师先喊口令，学生重复口令后，再做动作。主要目的是模仿教师的口令及锻炼口令能力。

2. 单独练习

自己边喊口令边做动作。这样既训练了口令，又复习了动作要领。

3. 双人练习，即一对一的练习

一人喊口令，指挥另一人做动作。

4. 多人练习

在双人练习后，可三人及小组练习，直到大组或全班练习。

总之，队列队形的口令和指挥能力要经常和反复练习，不仅要练得口令准确无误，指挥位置适当，调度迅速合理，而且口令还应洪亮、有力、有节奏，振奋学生的精神，在实践中不断提高。

第三节 徒手体操教学

徒手体操是基本体操的主要内容之一，易于普及。徒手体操动作比较简单，形式多样，内容丰富，运动量的波动范围较大。因而它不仅在体育教学中占有重要地位，而且是一项老少皆宜的健身方式。经常从事徒手体操练习，可以促进身体的正常发育，培养正确的身体姿态，增强骨骼、肌肉、韧带和内脏器官的功能，发展协调、灵敏、力量、柔韧及速度等身体素质。

尽管徒手体操在体操教学中占有一定的地位，然而由于其动作技术简单，教学常被人忽视，缺少专门的研究，教法研究就更少了。徒手体操和其他体操一样，也有一定的规格要求，若不按正确的动作要求进行练习，就不能达到应有的效果。因此，在教学中，一方面应要求教师熟练地、正确地掌握每一动作的规格、动作要领和教法，另一方面应要求学生认真领会动作要领，严格按动作规格进行练习。

一、加强认识教育

(一)从提高思想认识入手

徒手体操教学要注重通过教学实践，有目的地教育学生，使他们正确认识徒手体操的作用，以及在提高健康水平方面的重要性，使学生在自觉练习中，培养良好的锻炼习惯。

徒手体操教学初期，主要任务是纠正身体姿势。由于徒手体操动作简单易感枯燥，局部肌肉又易于疲劳；所以练习过程中练习者缺乏兴趣，甚至产生厌烦情绪，影响了教学效果。教师应首先向学生进行思想教育，使学生懂得严格要求的必要性和重要性，帮助他们正确处理基本体操和竞技体操的关系，克服轻视基本体操的倾向，并向学生宣传徒手体操练习对人体所产生的良好效果，从而严格要求自己。

(二)坚持以正面教育为主

教师向学生进行教育时，坚持以正面教育为主，采用鼓励、表扬的办法。在上课过程中出现问题，要根据情况妥善处理，切忌与学生发生“顶牛”现象，更不能采取简单粗暴的办法。对女生，应给予更多的鼓励和帮助，不随意批评学生。

(三)寓思想教育于实际教学之中

虽然徒手体操本身没有思想性，但是教师在教学过程中，要善于运用多种教法、教学形式，合理地组织练习队形，对学生进行潜移默化的思想教育，即是将提高学生思想认识的教育寓于实际教学之中。

(四)以身教为榜样

教师的言行、举动，都会对学生产生影响。如果要求学生的动作要规范，而教师自身的动作却马马虎虎，是不可能产生良好的教育作用的，因此教师必须以身作则，身体力行。

二、合理组织队形

合理组织集体做操队形，是徒手体操教学的保证。做操队形多种多样，定位操的队形有长方形、正方形、圆形和半圆形等。行进间操的队形一般采用一路纵队、二路纵队或多路纵队，也可采用多列横队，无论选择何种队形，均应注意以下几点。

1. 根据条件定队形

应根据人数的多少和场地的大小等具体条件选择做操队形。场地大、人数多，一段采用长方形、半圆形等；场地小、人数少，一般采用正方形、长方形、圆形等。

2. 便于观摩与指挥

选择队形既要便于大家看清楚领操员的动作，又要便于领操员的指挥。

3. 间隔、距离要适宜

徒手体操一般为两臂间隔、两步距离，轻器械体操还要加上器械的长度或抛掷练习的范围，练习者的前后左右不能相碰。

4. 避免外界的干扰

队形的方向要考虑风向、阳光和环境干扰等多种影响因素。

三、正确运用示范

示范是讲解的先导，可给学生建立正确完整的直观动作表象，学生的模仿性较强，因此，正确运用示范是主要的教学方法。

(一)示范的要求

正确的动作示范必须做到：姿势正确，方向准确，路线清楚，身体各部位的动作协调配合。

(二)示范的位置

应根据练习的队形和人数来决定。行进做操时，一般站在纵队前1/3的左侧或站在圆形的圆心示范；定位做操时，一般站在与前列成等边三角形的顶点和圆形或半圆形的圆心处；如果人数多、队形大，应站在较高位置示范。

(三)示范的形式

示范的形式有镜面、侧面、背面三种。

1. 镜面示范

镜面示范即面对练习者做相反方向动作。一般用于显示左右方向、路线简单的动作。这种示范既便于学生模仿练习，又便于教师观察学生完成动作的情况，如伸展运动、体侧运动等。

2. 侧面示范

侧面示范即身体侧对练习者做动作。一般用于显示前后方向、路线较简单的动作，如腹背运动、前踢腿运动等。

3. 背面示范

背面示范即背对练习者做相同方向动作。一般用于方向、路线与身体各部位配合较复杂的动作，便于学生观察和模仿练习，如斜方向的四肢运动、全身运动等。

4. 多面示范

多面示范也称“立体示范”。进行徒手体操成套练习时，多采用这种示范方法。因为成套练习动作方向多变，动作连接复杂，为了便于学生观察，应在队形的前、后、左、右分别安排一名动作完成好的学生为示范者，使学生在成套练习时，随时可以观察到示范动作，也避免了教师照顾不周，或迫使动作中断的现象。

（四）示范的方法

示范应有明确的目的，要突出动作的关键或难点。示范的速度与方式应根据动作的难易与学生水平而定。对比较简单或学生容易接受的动作，可按常规速度做完整示范。对初学者或较复杂的动作，可慢速示范。先分解示范，再完整示范。领做示范，双人动作最好采用两人示范。

四、恰当运用讲解

讲解是用精练的语言，配合示范以加深学生对动作的理解。对讲解的要求有如下几点。

1. 语言要简洁

讲解的语言要简明扼要、生动形象、通俗易懂，力求少而精。

2. 重点要突出

一般不宜讲动作的全过程，主要讲清动作的方向、路线和身体各部位的配合方法等重点、难点内容。

3. 与示范配合

边示范边讲解的效果最好。对做操基础较好的学生、简单动作的练习，可采用只示范不讲解，或只简单提出要求的方法。

4. 顺序要合理

讲解的顺序应与术语记写的顺序一致。一般是先讲下肢动作再讲上肢动作，最后讲躯干与头颈、手眼的配合。

五、示范与讲解相结合

在徒手体操教学中，示范与讲解是有机结合的，做法有两种。

1. 先示范后讲解

对于学生易掌握的动作，常采用这种方法。

2. 边示范边讲解

不仅适用于徒手体操教学，对于较为复杂的动作也是可行的。由于示范的同时伴随讲解，减慢了动作的速度，使学生更容易看清和理解动作。在有的情况下，可将教师的示范、讲解与学生练习同时进行，使学生明确动作的过程，加速复杂动作的掌握。

边示范边讲解时，要特别注意讲解的简练，以及动作与讲解的密切配合，使学生的视觉器官与听觉器官协同作用。

六、灵活运用口令和提示

(一)口令的节奏

口令的节奏是指根据动作的幅度、速度和用力程度等特点，口令应有轻重缓急、强弱快慢之分。尤其是学习新动作，口令起着辅助教学的作用。徒手体操的口令既要清脆、洪亮，又要有节奏，并能充分体现动作的特点。因为每个口令都是完成或停止动作的信号，任何动作的完成都伴随着用它来调节练习速度、节奏和强度。例如：幅度很大、用力强度大的腹背运动、全身运动或绕环运动等，口令应缓慢些，音调应拉长，深沉而有力；幅度较大、刚健有力的扩胸运动和体侧运动等，口令应短促有力，音调稍高；幅度适中、柔和优美的伸展运动和四肢运动等，口令应轻而柔；幅度稍小、速度较快的踢腿运动和跳跃运动等，口令应轻快；用力较小的整理运动和放松运动等，口令应轻松缓和，音调低平、适当拉长。总之，正确地运用口令的节奏，可使练习者更合理地进行练习，收到更好的效果。

(二)口令的变化

根据学生完成动作的情况和需要变化的动作要素，可在口令中间加入提示性语言，以便学生更好地完成动作。提示语言必须简短、明确，确实能起到提示的作用。例如：提示身体姿势的口令，可加“一、二、三、四、两、臂、伸、直”；提示动作方向的口令，可加“左、边、三、四，右、边、七、八”；提示动作速度的口令，可加“一、二、三、四、五、六、加、快”等。若更换动作或连续与停止动作，还可在口令最后一拍或两拍给予指示。例如：喊下一节动作的名称“五、六、七、四肢运动”；要求连续进行，可加“五、六、再、做”；停止练习，可加“五、六、七、停”等。

七、采用多种教学形式，提高练习兴趣

徒手体操由于动作简单却又难以做到规范化，往往需要反复练习才能建立正确的肌肉感觉。由于它动作比较枯燥，又易形成局部疲劳，故为改变这种状况，可采用多种教学形式，以减少和消除枯燥因素，提高学生的学习兴趣。

（一）不同身体部位的动作交替练习

初期教学，应把不同部位的动作安排一起。例如，上肢的基本动作要与下肢的基本动作交替，否则会因同一部位练习次数过多产生疲劳。同一部位的不同动作也应穿插进行，如举和绕，腹背练习和体侧练习等。另外还应尽量减少静止姿势的练习和不同速度的动力性练习。

（二）编排自选成套练习

实践证明，单一动作的练习易使学生产生厌烦情绪，若将若干单一的动作组成综合动作，学习兴趣会大大提高。这种成套练习不同于广播体操，而是近乎于自选动作。它打破了节与节之间的界限，减少了单个动作的重复次数，再加上动作节奏和动作路线的配合，有条件的还可以配上音乐伴奏，这不仅提高学习的兴趣，而且还培养了学生的协调性和节奏感。比如编排“综合性徒手体操”“健美徒手体操”等。

（三）力求新颖并有一定难度

有的教师认为徒手体操不好教，或学生不爱学，其原因是忽视了教材内容的独创性和新颖性。老一套动作和教法，学生感到厌烦，学习受到影响。有水平的体操教师应该不断更新操的内容，根据教材的进度、学生水平，选编协调性较高的动作，并经常变换练习的形式。例如，两臂侧举，是最简单的动作，常规做法一拍即可完成，若用两拍完成，就觉新鲜；动作稍复杂的，还可以加上头部的左右转动或脚步的移动，但动作的重点还是侧举，其他动作只起“佐料”作用。

课堂教学内容要常更新，使学生感到每节课都有新内容学习。既要力所能及，又不是一看就会的老一套，这样自然会激发学生的求知欲，调动学习的积极性。

（四）练习队形要灵活多变

合理组织做操的队形，对培养学生组织纪律性和认真学习的自觉性有积极的作用。队形组织，也是衡量教师组织能力的一个重要标志。队形的组织要根据内容、场地、气候、学生人数等具体情况而定。任何队形，前后距离和左右间隔都要合适，不得互相影响，而且还要便于看清教师的示范动作，有利于教师的指挥和教学。两个班以上同时上课，应避免视觉的干扰，保证上课的质量。

经常变换队形，可以增加学习的新鲜感，即使动作未变，但因队形变了，方向变了，同样会产生新颖的感觉。做成套练习时，如广播体操、健美徒手体操等，队形不要固定不变，可以根据动作的要求，恰当合理地变换队形，活跃课堂气氛。常用的徒手体操队

形有方块形、三角形、菱形、圆形等。变换队形时要注意取捷径，做到最优化，避免来回跑动，最好是边做动作边变队形。

有的徒手动作还可以行进间进行、穿插进行、交替进行等。一般地说，初学新动作采用方块队形为好，基本掌握动作后，再变换队形练习。对复杂的队形，可预先在黑板上讲解，或在场地上做一些标记，如画点或插小旗。

(五)组织教学比赛

这种比赛是属于教学性质的，可以在课堂中进行，也可以在课外组织班与班、年级与年级之间比赛，以引起对徒手体操的重视和及时检查教学情况。同时通过比赛，学生可大大提高兴奋性和积极性，有效地保证教学质量。

课堂中的比赛可随时进行。如学习某一动作后，在集体练习且基本掌握的基础上，把全班分成两个以上的小组，进行对抗比赛。赛前教师交代比赛要求和动作规格，评分方法要简便易行。虽然采用比赛的方法，练习次数较集体练习要少，但由于兴趣盎然，动作认真，教学效果会更加显著。因此，采用比赛形式进行教学，是减少枯燥，提高学习兴趣的好方法。

(六)音乐教学法

在徒手体操教学时，适当运用音乐伴奏，可以大大地提高学生的兴奋性和做动作的节奏感。尤其成套动作，配上一首节奏适宜、优美动听的乐曲，可以起到口令所起不到的作用。音乐教学要求教师课前充分备课，选择好恰当的乐曲伴奏，使动作的速度、幅度等特点与音乐伴奏吻合，还要尽量选择那些节奏性强、学生易于分辨的熟悉的乐曲。开始时，可以边放音乐，边喊口令，然后再以音乐代替口令，要求学生养成听音乐做动作的习惯，久而久之，还会提高学生的乐感。

八、及时纠正错误

身体姿势正确与否，直接影响徒手体操的教学质量练习和练习效果。因此，教师要随时注意观察学生完成动作的情况，严格要求，发现错误应及时纠正。如果错误动作属多数学生所有，应该停止练习，教师要讲解配合正确示范，集体纠正。个别学生的错误动作则个别纠正，并走到有关学生面前，给予必要的提示或动作暗示。常用的纠正错误方法有：

1. 示错法

纠正错误动作时，教师模仿学生的错误动作，使学生了解自己的错误所在，就会更顺利地纠正这些错误。但是采用这种办法，应特别注意不应对学生有丝毫的讥笑态度，更不要指名道姓，否则会损伤学生的自尊心。

教师在示错时，往往会稍稍夸大动作的错误程度，这样的目的是引起学生的注意，促使学生自觉地、尽快地去改正错误。

2. 自我检查法

在徒手体操课上，学生往往体会不到正确的肌肉感觉，而出现一系列无意识的错误动作。有些错误动作，是由于学生基础差和日常习惯动作的干扰，不自觉产生出来的，如侧举偏离、上举偏宽、手臂弯曲等。针对以上情况，教师可让学生自我检查动作，如照镜子做动作；没有条件的，可以两人一组，面对面练习，互相检查，互相纠正。

3. 比较法

一般包括正确动作与错误动作的比较、教师示范与学生练习的比较等，有条件的还应利用挂图、录像进行正误对比，使学生明确错误所在以及纠正的方法。比较法常常运用在学生基本掌握动作后而出现的一系列姿态错误，这些错误平时往往不易发现，运用比较法可以显示出这些错误，以便进一步强化规范动作的规格要求，做到有目的地去纠正错误。

九、采用多种练习方法

根据成套基本体操的教学安排和学生掌握动作的熟练程度，采用多种多样的练习方法，不断提高做操的质量和练习效果。

(一)分节练习法

分节练习就是成套体操的每一节之间都有停顿，各节动作分别练习。常在新学一套动作或成套动作不熟练或动作变化较复杂的情况下采用。

(二)分段练习法

分段练习就是把成套体操分成几段，先依次专门练习每一段的各节动作，最后将各段动作连接为成套动作。常在分段熟记或提高动作质量时采用。每段练习又可采用分节和连续练习方法。

(三)连续练习法

连续练习就是成套体操从第一节开始至最后一节不停顿地连续完成的练习。一般在成套动作比较熟练或加大身体负荷时采用。

(四)递加练习法

递加练习就是从第一节开始，每节练习一次后，再与前面一节连接起来练习一次，直至依次练完成套体操。常在提高成套动作连接和熟记动作时采用。

(五)对称练习法

对称练习就是学生按左右路或前后列，在动作的部位、方向、方法等方面做对称性练习。对称练习方法可采用面对、背对、侧对、起伏、转动和移动等方法来做。常在动作熟练后，为提高练习的兴趣、难度与配合能力时采用。

此外，还应根据基本体操各项目内容的具体特点，采用多种多样的教学方法和练习方法，以不断激发学生练习的积极性，提高动作质量和教学效果。

第四节　体操技术动作教学

一、体操技术动作教学特点

由于竞技体操器械及内容的特点，构成项目的独特性、内容的多样性、技术的复杂性、教学的安全性及其美学特征。因此，在教学上形成了其自身的特点。

1. 以单个动作为主要内容，以个体练习为主要形式

正确掌握单个动作技术是学习成套(或联合)动作的基础，同时由于器械结构的局限性，通常是以个体练习为主要练习形式。因此，确定了竞技体操教学必须从单个动作开始，以个体练习为主要教学内容和形式。在教学中要做到个体练习与集体观察相结合，正确处理好单个动作的质量与成套(联合)动作教学和统一要求与区别对待等关系。

2. 以动作质量为前提

竞技体操动作的质量主要表现在动作力度、动作幅度、动作节奏、动作姿态、动作的稳定性等方面。这些表现通常与动作技术的合理发挥和艺术性要求密切相关。研究动作的技术结构，正确处理质与量的关系，是逐步提高动作质量的前提。

3. 广泛运用保护与帮助

竞技体操是一种人为设计的运动形式，以身体各部分相互运动的配合关系和身体与器械相互位移变化为基本特征。多数动作的运动技术结构和时空状态复杂多变，与日常生活的状态和习惯有较大不同，增加了自学体操动作的难度和教学中发生伤害事故的可能性。竞技体操教学中的保护与帮助对缩短教学进程，预防安全事故有极其重要的作用。在竞技体操教学中注重安全措施，进行安全教育，既是重要的教学内容，也是教师的责任。

二、体操技术动作教学过程

体操技术动作教学的主要任务是：引导学生正确地了解、掌握动作技术；促使其在大脑皮层中逐渐形成稳固的动力定型。

运动生理学的知识告诉我们，任何一个体操动作的技术，学生由不会到会，直至形成稳定的动力定型，都必须遵循动作技能形成的客观规律。换句话说，它们必须经历以下三个阶段：即粗略掌握动作阶段；改进与提高阶段；巩固和运用自如阶段。而每一个阶段都有着自己的特点，为此，在教学任务上也相应存在着各自的差异，导致在教法措施上必然会有所侧重。

(一)粗略掌握动作阶段

这个阶段的特点主要是大脑皮层兴奋过程扩散，内抑制较弱，处于泛化阶段。通常表现为过分紧张，动作不协调，出现多余或错误动作，与此同时，还伴随着缺乏信心和恐惧心理。

这阶段的教学任务是排除心理障碍，增强信心，建立动作概念，粗略掌握技术。为此，在教学法上应注意以下几点。

1. 要防止信息超载现象

教新动作初期，教师的讲解和教法选用，应以利于教学对象的“注意集中”为前提。要防止那种一讲技术要领就是甲乙丙丁、教法手段一二三四的开中药铺式的烦琐教学法，因为这样势必造成信息超载，最终导致对象的“注意分散”，影响教学效果。

所以，此时讲解动作技术，不宜全面铺开，只能讲动作技术中最关键的一点。同样，选择的教法也必须是少而精，针对关键技术并为其服务。

2. 要防止“抢先”现象

“抢先”现象，是指进行体操动作练习时，人体各部分的“速度调配”提前进行，这是学习新动作初期容易出现的毛病，诸如“头手翻”的早打腿，“后摆上”的早起肩等。为此，在新动作教学时，首先必须把“打腿”的时机、“起肩”的条件交代清楚，然后通过改变作业条件、施加外界助力等措施，帮助建立正确的“时、空”概念和主要发力时机。

3. 要优先排除心理障碍

在学有些新动作初期，往往是心理障碍和技术矛盾共存，此时的教法措施，应着重以解决心理障碍为主，通常采用改变作业条件，降低练习难度以及运用各种助力和保护手段进行练习，使对象反复实践。如在学习单杠的回环动作时，就应该通过一些方法排除学生怕倒的心理恐惧。当安全感和自信心不断增强后，技术问题也就有条件得以较顺利解决。

(二)改进与提高阶段

这个阶段的特点主要为大脑皮层兴奋相对集中，内抑制逐步发展，皮层兴奋和抑制过程处于分化阶段。具体表现为动作中多余的肌紧张和动作错误逐渐减少，完成的技术逐渐趋向准确、协调。但总的来说，动作技术还不是很熟练。

这阶段的教学任务是尽快消除多余的肌紧张和错误动作。鉴此，在教学法上应注意以下几点。

1. 重视动作关键技术的运动感觉培养

运动感觉由“前庭感觉”和“肌肉感觉”组成。“前庭感觉”的灵敏性和稳定性对于准确进行定向、保持人体平衡、确保运动过程准确又及时地改变人体相对位置进行各部分运动速度的调配，起着极其积极的作用。“肌肉感觉”是由骨骼肌的“肌梭”“腱梭”组成，受刺激时能直接引起皮层“动觉细胞”的兴奋。皮层能准确地感知人体在空间移动的位置，感知人体各环节移动的幅度、时间、速度、方向等，所以，重视对关键技术运动感觉的培养，提高它们的灵敏性和稳定性，无疑对改正技术错误、缩短教学过程是十分有利的。具体方法通常有改变作业条件练习、利用外力帮助减慢速度练习、利用外界标志和信号以及模型演示、电教手段等。

2. 准确地应用语言指示

语言指示是一种建立在第二信号系统基础上的教学方法。根据分化阶段皮层活动的特点，准确地应用语言指示，对形成正确的条件反射有着积极的作用。所以，每当学生完成一次练习后，教师就立即做出准确判断，给予肯定和否定的语言指示。这时，肯定的语言能够对其正确技术起到强化作用，而否定的语言则能促使“分化抑制”出现，这种内抑制对纠正动作错误有着积极作用。

准确地应用语言指示还有一层意思，是指教师提出的要求必须恰如其分，能为对象所适应。提出过高、过多的要求，往往会使对象负荷超载，结果导致“注意分散”，最后在练习过程中，不仅所要求的技术完成不了，往往连原来已经掌握的部分也受到影响，出现“跑法”现象。当然，实践中出现“跑法”的原因很多，但教师操之过急、下达指示要求过高，往往也是其原因之一。

3. 贯彻练、看、想一体的教学法

学习体操动作技术，要突出一个“练”字。所谓“熟能生巧”就是这个道理。“练”，要巧练，不可蛮练。要实现巧练，首先必须观察事物，了解运动发展规律，所以应该仔细观察同伴的练习。其次要认真思考，想一想好在什么地方，原因在哪里。俗语说，看一看，想一想，大体也了解了。然后去练，效果就比较明显，所以，多看、多想是多练的基础。

“想一想”还有一层意思：每次练习前、练习后都要认真思索一下技术要领，练习前想一想，又称“过电影”。因为运动生理学的知识告诉我们，默想一遍技术，亦是一种练习的重复。通过这种重复，同样使得皮层中的暂时联系得以再次“接通”，所以它是一种有利于运动技能建立的强化活动。练习以后想一想完成情况，特别是把个人体会，包括肌肉感觉向教师或同伴谈一谈，是一种把对事物的感性认识上升到理性认识的过程，不仅利于再战，而且对第二信号系统的发展和完善、对养成分析思考习惯、培养实际解决问题的能力、调动学生学习的积极性和主动性都有着莫大的裨益。

（三）巩固与运用自如阶段

这阶段主要特点为大脑皮层兴奋过程高度集中，内抑制相当牢固，运动技能达到自动化的阶段。具体表现为技术熟练准确、动作省力轻松。

这阶段的教学任务为不断强化已形成的运动技能，更进一步完善动作质量。为此，在教学法上应注意以下几个问题。

1. 着重精雕细刻的重复练习

从事体操技术教学，在某种意义上说亦是一种绘画。不同的是，我们是用活人的肢体在特定的“时、空”条件内进行绘画。众所周知，要塑造一件艺术珍品，必须经历千锤百炼的实践。同样，把一个体操动作做得完美无缺，也必须通过反复练习和一丝不苟的劳动。所以，此时的重复练习并不是单纯防止动力定型的消退，更重要的是精雕细刻，使其炉火纯青，达到更高更完美的艺术境界。由于学生在素质上、技术上、个性和心理素质上，客观存在着个体的差异，因此当运动技能越趋向成熟时，在技术细节上就暴露出其个体性和顽固性的特征：第一，存在的细节问题是各不相同的；第二，纠正这些细节难度是比较大的。所以重复练习过程，必须因人而异提出要求，而且教、学双方高度默契和进行一丝不苟的劳动也是十分必要的。

2. 注意抗干扰训练

运动技能自动化的概念，不仅是熟练、巩固，还包含着运用自如。所谓运用自如，是指在各种条件下都不受干扰，仍然准确、熟练地把已掌握的运动技能表现出来。所以，教师必须认真分析，针对可能碰到的情况，有目的地模拟各种情况，使学生在各种困难的条件下重复练习。只有经历各种条件的磨炼，才能提高应变抗干扰能力，才能在任何情况下，自如又轻松地展示自己的运动技能。这阶段常用的方法有：减少专门准备活动时间；改变场地器械条件；变换项目顺序；设计带特定要求的比赛等。

辩证唯物主义告诉我们：任何事物的运动发展过程，如果有多数矛盾存在的话，其中必然有一种是主要的，起着领导作用，其他则处于次要和服从的地位。所以，抓住了主要矛盾，则一切事物就迎刃而解了。这种抓事物主要矛盾的哲学思想，对体操单个动作的教学同样具有指导意义。因为，每个单个动作在完成的技术上客观地存在着主要和次要矛盾的规律，如单杠的单挂膝上，摆动腿积极向后摆起是主要的，压杠则处于次要地位。又如双杠的挂臂撑后摆上，高撩腿是主要的，起肩则是次要的。所以，在单个动作教学时，教师必须认真分析技术要领，明确技术要领中主从关系，然后有针对性地选好教法。与此同时，还须通过第二信号系统，全力把学生的注意力引向动作的主要技术。只有这样，才能有利于缩短动作技术的教学过程，达到理想的教学效果。

上面从动作技术这一角度论述了抓主要矛盾的哲学思想，但在单个动作的教学实践中，经常还会涉及对象的心理素质等问题。当对象心理问题是主要问题时，就必须全力先消除心理上的障碍。总而言之，抓主要方面的哲学思想应贯穿在体操单个动作技术教学的全过程，并在动作运动技能形成的各阶段中分别体现。

因为体操单个动作是体操技术教学的基础，所以对各种单个动作的技术教法的研究，基本上就能概括体操动作的教法学法。不仅联合动作、成套动作都将在这一基础上得以展开，而且教学原则、教学过程、教学方法等也必然围绕着“单个动作”的教学实践进行运转，并在每个动作技术的教学过程予以体现。显然，就此意义来说，单个动作的教学法是体操动作教学法的核心。古人云：“善歇者使人继其声，善教者使人继其法。”鉴此，对单个动作教学法的研究，始终属于体操教学改革中的重要课题。致力动作技术教法的改革和创新，则是每个教师的职责。

三、体操技术动作的教学方法

体操技术动作教学方法是指教师向学生传授体操动作知识、技术、技能的途径和手段。为了达到最佳的教学效果，教师应根据教学内容、教学任务、作业条件、学生的实践情况等因素精选教学方法。常用的体操技术动作教学方法有语言法、直观法、完整法与分解法、练习法、比赛法、游戏法等。

(一)语言法

体操动作教学中常用的语言是口头语言。其形式有讲解、讲述、评价等。同时，身体语言和自我暗示也常常在竞技体操动作教学中运用。

1. 讲解

讲解是指教师向学生解说动作的要领及原理等。它是体操技术动作教学中运用最广泛，最主要的教学方法之一。讲解时应注意以下问题：

(1)精讲。精讲就是突出讲解动作的要点和难点，抓住关键，揭示动作技术的内在联系。只有精讲，才能多练。

(2)掌握讲解时机。体操动作技术的掌握是一个时间和量的积累过程，当学生对动作有了实际感受和体会时，学生就会进一步要求对动作的深入了解，教师应不失时机，进一步对动作进行讲解和分析。在练习中出现错误时，要及时讲解。

(3)讲解时要考虑对象的水平特点。不同的年龄、不同水平的学生在接受能力上有差异。学习动作的不同阶段会出现不同的问题，讲解要有针对性、灵活性。

2. 讲述

讲述是指教师向学生叙述事实材料或描绘所讲对象。在体操技术动作教学中的讲述一般是对动作的做法按时序加以叙述，使学生对动作的外部特征有一个概括性了解。讲述与讲解往往交互进行，要运用技巧，达到准确精练、简明扼要、生动有趣。

3. 提示

提示是指在学生练习过程中，教师用简短的口头语言或形象的身体语言对动作的正、误表明和提醒。这是练习中纠正错误的有效手段。运用时要注意提示时机要准确及时，通常要有提前量。口头语言尽可能简短、明确。身体语言要生动、形象。有时，两种语言提示同时使用会收到更好的效果。

4. 评价

评价是教师对学生动作完成情况的口头评定，它是体操技术动作教学过程的一个重要环节。评价的重点是动作掌握的程度。评价要以鼓励为主，恰如其分。鼓励的同时，还应指出存在的不足，提出改进的意见，使学生既看到自己的进步，又明确今后努力的方向，对提高学习效果有很大的意义。

(二)直观法

直观法是体操技术动作教学的基本方法之一，是指在教学过程中利用人的感觉器官来感知动作的结构、时间和空间特征，从而形成动作表象，建立动作概念的教学方法。

1. 动作示范

动作示范是以教师或指定的学生的动作为范例，演示动作的整个过程，如动作的结构、方法、方向、速度、节奏、幅度等。它是体操技术动作教学中运用最直接、使用最普遍的直观教学方法。示范的方法很多，按示范面可分为正面示范、侧面示范、背面示范等；按示范的速度可分为常速示范和慢速示范；按动作的结构可分为完整示范和分解示范；还有重点示范、正误对比示范等多种示范。运用示范时应注意以下几个问题：

1)讲究示范效应

教师准确、轻松、优美和稳定的示范会给学生留下深刻的印象，激发学生练习的欲望。正误对比示范时，错误示范也要形象准确地反映学生动作的错误表现。选择学生示范时，应有一定的代表性。

2)示范目的明确，针对性强

示范动作的规格和方法要根据不同阶段的教学任务和对象水平特点而定。初学动作时，为了使学生建立完整的动作表象，一般可先做完整示范、常速示范，讲究技术的正确和姿态的规范。动作的幅度和高度不应过分表现，要掌握在对象水平可接受的程度，否则会产生畏惧心理。

在改进动作阶段，可采用分解示范、慢速示范等，以加深对动作技术细节的认识和理解。解决关键技术问题时，可采用重点示范。在纠正错误时，可采用正误对比示范。对某些可以慢速完成的动作，可用慢速示范，并结合讲解，这样的示范效果更佳。

进入巩固和提高阶段，示范应追求动作高度、动作幅度，达到高规格、高标准，激发学生不断进取，提高动作质量。

3)选择合理的示范面和示范位置

示范面和示范位置的选择应以有利于学生观察动作为原则。正面示范能显示动作的左右方向，侧面示范能显示动作的前后方向。动作力向、路线复杂或各部位动作配合较难的情况下，多用背面示范。

自由体操示范时，教师的示范位置是可以变化的。教师通常站在学生正前方或前侧方 3～5 m 处，动作方向改变后，教师的位置应相应变化。

体操动作教学中，特别是器械体操动作的教学，教师的示范位置是相对确定的，观察的重点和效果取决于学生的位置。通常情况下，学生的位置应在单杠、高低杠的两端，双杠、跳马等项目的两侧，从侧面观察动作。所以，竞技体操动作教学中，最常用的是侧面示范。必要时(如下法和转体动作)，学生可改变观察位置。

2. 动作图示和模型演示

动作图解、动作图片、人体模型等是体操技术动作教学中常用的直观教具，它们制作简单，便于携带，使用灵活，具有较强的直观性，能将人体在空间的运动状态“定格”，并配合讲解，描述动作的关键或细节。它弥补了示范的不足，有利于培养学生的观察能力和分析能力。

3. 电化演示

电化演示是现代化的教学手段，它通过现代化的电影、录像等设备，完整地记录并重现动作的过程，是一种形象化的直观教学。它最大的特点是动作过程完整，反复重现，可通过慢放或定格在动作的任一瞬间，仔细观察动作细节，对动作的技术分析有独到的作用。在纠正错误时，对练习者的动作进行记录和分析，效果最佳。

(三)完整法与分解法

1. 完整法

完整法是将动作自始至终地整体进行教授的一种教学方法。优点是保持了动作结构和动作各部分之间的内在联系，给学生建立了完整的动作概念，但对动作中较为困难的技术因素和环节不易很快掌握。

2. 分解法

分解法是将动作合理地分成若干部分，按部分逐一进行教授，引导学生完整掌握动作的一种教学方法。其优点是突出教学重点，简化教学过程，缩短教学时间。如果运用不当，会破坏动作结构，割裂动作的内在联系，不利于建立完整的动作概念。

3. 运用完整法与分解法应注意的问题

完整法与分解法是体操教学中两种不同的教学方法，二者既相互联系，又有各自的优点与不足，运用时应注意如下几个问题：

（1）较为简单的动作可直接采用完整法进行教学。

（2）对不能分解或有一定难度的动作，先采用诱导练习或辅助练习，打好素质和技术基础，再进行完整教学。

（3）对可以进行分解的动作进行分解时，要考虑动作的结构和分解后动作各部之间的内在联系，有利于后续的完整练习。

（4）分解的目的是完整完成动作，要掌握过渡时机。

（四）练习法

练习法是有目的有计划地多次重复学习内容，以达到掌握技术，形成动作技能的最主要、最基本的方法。

1. 重复练习法

重复练习法是指不改变动作结构，按动作要领进行反复练习动作的方法。重复练习又分为连续重复练习和间歇重复练习，通常是二者结合运用。

重复练习要防止错误动作的重复，一旦发现错误，应及时纠正，否则，易形成错误的动力定型。

连续重复练习一般应在学生正确掌握动作后运用，目的是提高动作的熟练性、稳定性，进一步提高动作质量。连续重复练习能发展专项耐力，连续重复的数量要根据完成动作的质量来安排，如发现动作有较大的变形，应减少重复的次数。

间歇重复练习时，每次重复动作的数量和间歇的时间要根据动作的难易、对象能力、动作完成质量等具体情况来安排。一般来讲，每次重复动作数量多，间歇时间可长些，反之则短；动作难，对象能力差，重复数量要少些，间歇时间可长些。

2. 变换练习法

变换练习法是指在改变作业条件下，反复练习动作的方法。这种方法有助于动作的掌握，提高动作的准确性、稳定性和灵活性。改变作业条件有两种作用：一是降低完成动作的条件，使学习动作变得更加容易了。多用于初学动作和有一定难度的动作；二是提高完成动作的条件，使动作变得更难完成。只有在学生能独立完成动作的情况下使用，如练习双杠挂臂前摆上时，将双杠调节成一端高，另一端低的“高低杠”，在初学时，面对低端练习，在提高动作质量阶段，面对高端练习。

在运用变换练习法时要根据教学内容、教学任务、对象特点、安全因素等具体情况，优化设计，科学运用，力求达到条件的变换与练习的效果相统一。

（五）比赛法

比赛就要竞争，竞争就会产生激励作用。单纯的体操比赛就是有组织、有计划地按评分规则对比赛的参加者进行成绩评定的过程。体操教学中的比赛除了上述目的外，主要是运用比赛的激励机制，提高学生的竞争意识和学习兴趣，挖掘学生的机能潜力，激发学生的进取精神，培养学生良好的心理素质、体操道德作风和集体主义观念。

体操教学中的比赛要根据教学内容、教学任务、对象水平、实际条件等具体情况来设计，所以，体操教学中的比赛内容、比赛形式、评定方法等都比较灵活。如比赛内容可以是成套动作、联合动作或单个动作，也可以是动作的某一方面，如动作的高度、动作远度、动作姿态、动作稳定性等动作质量。比赛形式可以在个人间进行，也可以在组间进行。组间比赛时，各组实力应基本相当，有竞争性。评定的标准要恰当，其尺度要符合总体水平，灵活运用量化评定、定性评定、鼓励性评定、超严性评定等评定方法，起到鼓励和引导的作用。还要组织学生参加评定过程，教师也可进行示范表演，体现师生互动的特点，激发学生情绪，活跃课堂气氛。同时要加强安全措施，防止学生因好强好胜一味追求动作的高标准而可能出现的失误。

随着体育教学研究的发展，教学改革的不断深入，除上述常用的体操技术动作教学方法外，程序教学法、断面教学法等教学方法也在体操技术动作教学中得到运用。

四、体操技术动作教法提示

（一）技巧

1. 肩肘倒立（图 9-1）

图 9-1 肩肘倒立

（1）从直角坐开始，做屈腿肩肘倒立，然后伸髋伸腿。

（2）在低单杠下做肩肘倒立，两腿靠在单杠横杠上。

（3）两人一组，一人做动作，一人用标志物让练习者体会伸髋立腰动作。

2. 一脚蹬地、一腿后摆成头手倒立（图 9-2）

图 9-2 一脚蹬地、一腿后摆成头手倒立

（1）靠墙做一脚蹬地、另一腿后摆成头手倒立。

（2）在帮助保护下完成动作。

3. 屈体(或分腿)慢起成头手倒立(图 9-3)

图 9-3 屈体慢起成头手倒立

(1)靠墙做屈体(或分腿)慢起成头手倒立。

(2)在帮助下完成屈体(或分腿)慢起成头手倒立。

(3)独立完成屈体(或分腿)慢起成头手倒立。

(4)熟练后，可做慢起头手倒立。放好头手位置后，高提臀、分腿、脚尖点地，两手用力推起重心，两腿再慢慢从两侧并拢成头手倒立。

(5)头手倒立可用前滚翻结束。重心前移，随之低头前滚，紧接着含胸团身，上体前跟成蹲立。

4. 摆手倒立(图 9-4)

图 9-4 摆手倒立

(1)双手撑地，一脚蹬地，另一腿摆动，体会蹬地和摆腿的配合，并且配合帮助。

(2)对墙做摆手倒立，两脚靠墙。

(3)在帮助保护下完成摆手倒立。

5. 俯平衡(燕式平衡)(图 9-5)

图 9-5 俯平衡

(1)双手扶器械，做一腿支撑、另一腿后举的俯平衡。

(2)保护者扶持做俯平衡，维持正确的平衡姿势。一手扶肩、一手扶后举腿助其维持正确的平衡姿势。

(3)独立练习。

6. 前滚翻(图 9-6)

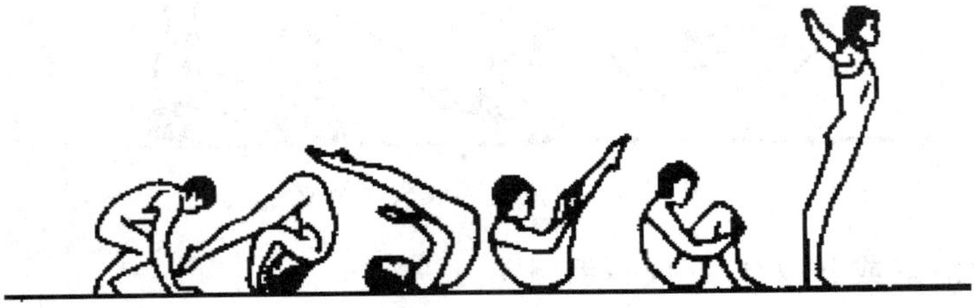

图 9-6 前滚翻

(1)抱膝团身来回滚动成蹲立。

(2)将双手后翻置于肩上团身来回滚动成蹲立。

(3)半蹲撑地，双脚蹬地前滚成直角坐。

(4)在斜面上，由高处向低处做前滚翻。

7. 前滚翻分腿起(图 9-7)

图 9-7 前滚翻分腿起

(1)大分腿坐，双手置于大腿根部，体会推手跟肩。

(2)分腿前后滚动，体会向前滚动同时推手跟肩成大开立。

(3)两人一组，一人分腿前后滚动，一人在练习者推手跟肩的同时向前拨拉其腋下，让练习者成分腿体前屈。

(4)在斜面上，由高处向低处做前滚翻分腿起。

8. “鱼跃”前滚翻(图 9-8)

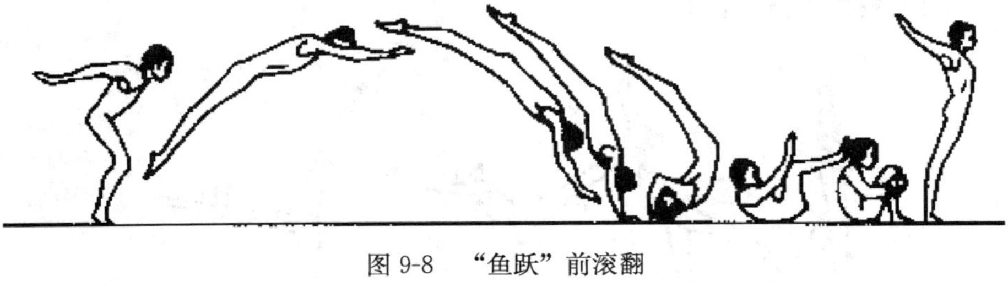

图 9-8 “鱼跃”前滚翻

(1)先做两臂远伸的前滚翻，过渡到低腾空的跳起前滚翻。

(2)从高处(30 cm 左右)向下做前滚翻，体会两臂控制弯曲的感觉。

(3)跃过障碍物，可由 1 名或 2 名同学横向跪撑在垫上。

(4)加 1~3 步助跑做。

9. 后滚翻(图 9-9)

图 9-9　后滚翻

(1)团身向后滚动，体会屈腿团身向上翻臀。

(2)在(1)基础上，体会屈臂夹肘、两手放在肩上的动作。

(3)在(2)基础上，后滚成跪坐。

(4)在斜面上，由高处向低处做后滚翻。

(5)完整练习。

10. 屈体后滚翻(图 9-10)

图 9-10　屈体后滚翻

(1)垫上直角坐开始，屈体后滚体会收腹举腿翻臀动作。

(2)两手置于肩上(掌心向上，两肘内夹)屈体来回滚动，体会翻臀与两手置于肩上动作的配合。

(3)屈体立撑开始，体会推手与后坐臀的配合(可帮助完成)。

(4)在斜面上由高到低做完整动作。

(5)站立开始做完整动作。

11. 单肩后滚翻成单腿跪撑平衡(图 9-11)

图 9-11　单肩后滚翻成单腿跪撑平衡

(1)练习左腿后举的单腿跪撑。
(2)练习头侧屈与两手臂动作的配合。
(3)在帮助下由肩肘倒立开始，头左侧屈，右腿放下屈膝，两手推成单腿跪撑。
(4)独立完成动作。

12. 侧手翻(图 9-12)

图 9-12 侧手翻

(1)分腿站立，左臂上举，右臂侧举，做两臂保持 90°左右快速摆臂。
(2)在(1)基础上，做上体侧倒，右腿侧摆动做练习。
(3)在帮助下做侧翻成分腿倒立和分腿倒立侧翻成站立。
(4)在地上划一条直线，要求练习者手、脚着地点落在线上。
(5)做完整练习。

13. 跪跳起(图 9-13)

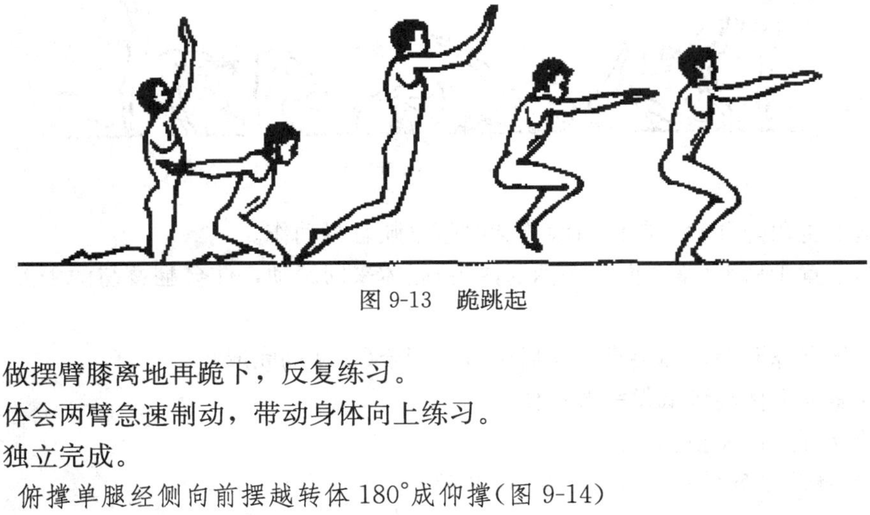
图 9-13 跪跳起

(1)做摆臂膝离地再跪下，反复练习。
(2)体会两臂急速制动，带动身体向上练习。
(3)独立完成。

14. 俯撑单腿经侧向前摆越转体 180°成仰撑(图 9-14)

图 9-14 俯撑单腿经侧向前摆越转体 180°成仰撑

(1)做纵劈叉练习。
(2)俯撑单腿经侧向前摆越至两臂间成前后分腿支撑。
(3)直接练习。

(二)跳跃

1. 挺身跳(图 9-15)

图 9-15　挺身跳

(1)在地上，做原地的纵跳练习，体会蹬伸、绷脚尖、并腿动作。
(2)在地上，做原地的挺身跳练习，体会摆臂与蹬伸动作及挺身动作的配合。
(3)站在高垫或乒乓球台上，做挺身跳下等练习。
(4)在地上做短距离(3～5 步)的助跑踏跳挺身跳练习。
(5)利用弹板做挺身跳完整动作。

2. 团身跳(图 9-16)

图 9-16　团身跳

(1)在地上，做原地的纵跳练习，体会蹬伸、绷脚尖、并腿动作。
(2)在地上，做原地的团身跳练习。
(3)站在高垫或乒乓球台上，做团身挺身跳下等练习。
(4)在地上做短距离(3～5 步)的助跑踏跳团身挺身跳练习。
(5)利用弹板做团身跳完整动作。

3. 跳上成蹲撑，挺身跳下(图 9-17)

图 9-17　跳上成蹲撑，挺身跳下

(1)手撑器械，脚踏助跳板，做原地蹬跳提臀屈腿动作练习。
(2)由助跑开始做跳起提臀屈腿动作练习。
(3)在地上俯撑，做收腹屈腿经蹲撑接推手挺身跳。
(4)利用高垫(或乒乓球台)，做高垫(台)跳上，经蹲撑接挺身跳下的练习。

4. 跳上成跪撑，跪跳下(图 9-18)

图 9-18　跳上成跪撑，跪跳下

(1)俯撑推手成跪撑。
(2)垫上跪撑，体会利用摆臂使人体腾空的动作。
(3)横鞍马上直接练习，熟练后转向横跳箱练习。

5. 跳上成分腿立撑，挺身跳下(图 9-19)

图 9-19　跳上成分腿立撑，挺身跳下

(1)手撑器械做原地蹬跳提臀分腿动作练习。

(2)在地上俯撑，做收腹提臀经分腿立撑接推手分腿挺身跳。

(3)利用高垫(或乒乓球台)，做高垫(台)跳上、经分腿立撑分腿跳下的练习。

6. 纵箱前滚翻(图 9-20)

图 9-20 纵箱前滚翻

(1)在体操凳上加一层体操垫做前滚翻练习。

(2)在低纵箱盖上做前滚翻，然后逐渐增加高度。

(3)在乒乓球台上加一层体操垫，向下做前滚翻。

(4)在跳箱末端体会展体动作。

(5)完整练习。

7. 斜向助跑向右(左)直角腾越纵马(箱)(图 9-21)

图 9-21 斜向助跑向右直角腾越纵马

(1)在地上做助跑、踏跳、摆腿、撑手的协调配合练习。

(2)做上板起跳，摆腿手撑马(箱)的练习。

(3)在帮助下做斜进跳上成直角坐，然后一腿前举，另一腿蹬箱并腿展体跳下的练习。

(4)在马(箱)的远端，放置障碍物或标志物，做斜进直角腾越。

8. 斜向助跑向右(左)挺身腾越纵马(箱)(图 9-22)

图 9-22 斜向助跑向右挺身腾越纵马

(1)手撑器械做原地蹬跳提腰提臀动作练习。

(2)斜向助跑起跳，撑马(箱)远端提臀成马(箱)上屈体立撑。再由马(箱)上屈体立撑，两脚蹬马(箱)做后摆挺身下。

(3)在帮助下完成动作。

(4)独立完成完整动作。

9. 山羊分腿腾越(图 9-23)

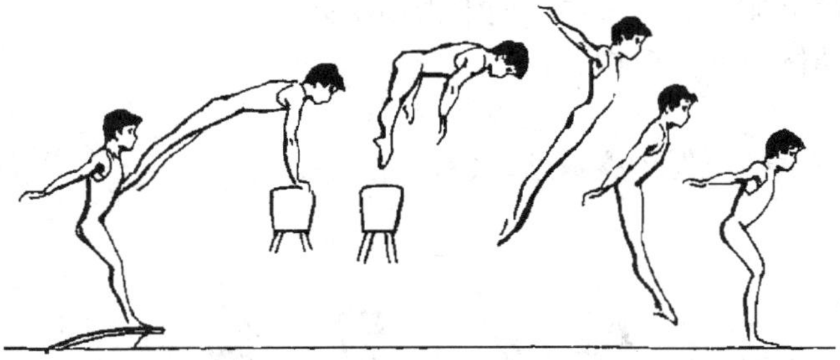

图 9-23 山羊分腿腾越

(1)地上俯撑，做两脚蹬地腿后摆，同时推手经分腿站立，接挺身跳的练习。

(2)在一定的高度上快速跳上成分腿立撑，然后挺身跳下。

(3)完整练习，逐渐增加高度。

(三)双杠

1. 跳上成支撑前摆成外侧坐(图 9-24)

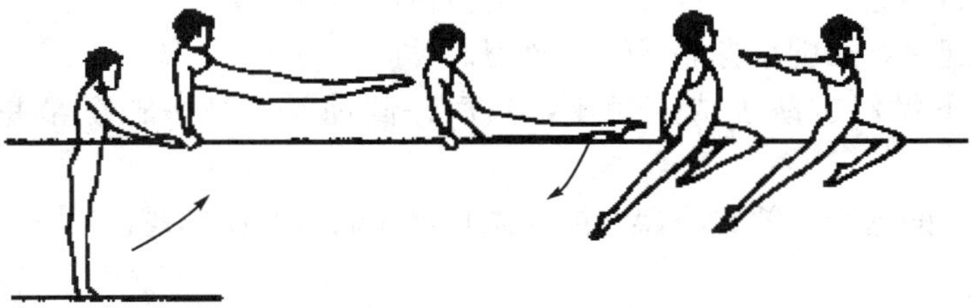

图 9-24 跳上成支撑前摆成外侧坐

(1)可先由支撑摆动开始进行练习。

(2)外侧坐练习。

(3)完整动作练习。

2. 外侧坐向前摆越两杠直角下(以向右摆越为例)(图 9-25)

图 9-25　外侧坐向前摆越两杠直角下

(1)外侧坐摆腿弹杠举腿练习。

(2)由外侧坐摆越两杠至外侧坐。

(3)在帮助下做完整动作练习。

3. 分腿坐前进(图 9-26)

图 9-26　分腿坐前进

(1)分腿骑坐开始，两手推杠、伸髋压扛成骑立姿势再还原。

(2)学会跳上成分腿坐和小幅度支撑摆动。

(3)帮助下直接练习。

4. 滚杠(图 9-27)

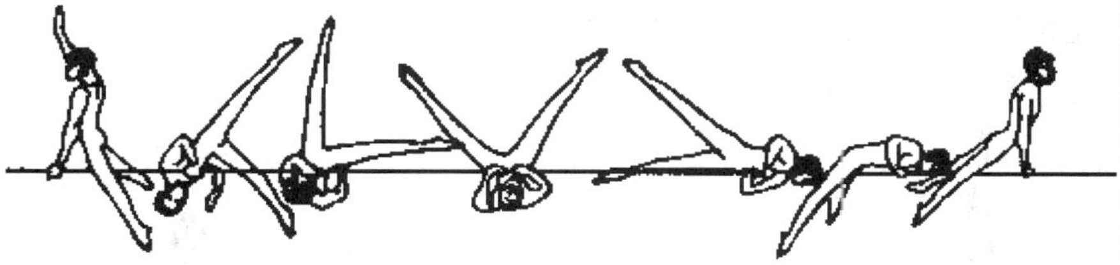

图 9-27　滚杠

(1)在垫上体会动作过程，弄清滚杠的方向。

(2)杠外正立、两手反握近杠，跳起向左前上方举腿穿越远杠成腰撑杠的挺身分腿仰卧姿势。

(3)在(2)的基础上右腿向左摆越两杠同时转体90°，两臂用力撑直、抬起上体成骑撑姿势。

(4)帮助下做完整练习。

5. 分腿坐前滚翻成分腿坐(图9-28)

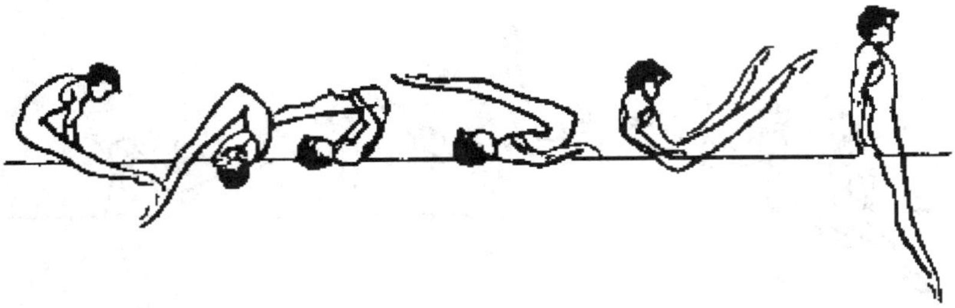

图9-28 分腿坐前滚翻成分腿坐

(1)由分腿坐开始，练习屈臂前倒、肩部靠近手分肘撑杠动作。

(2)在杠上放置的薄海绵垫上练习前滚翻成分腿坐。

(3)在杠中放置一定高度的跳箱练习。

(4)将双杠布置成斜面，由高向低做前滚翻成分腿坐。

6. 分腿坐慢起成肩倒立(图9-29)

图9-29 分腿坐慢起成肩倒立

(1)地上分腿立撑慢起头手倒立。

(2)分腿骑坐开始，做提高重心和肩触杠时肘外张的动作，体会用力和张肘。

(3)把肩放好用脚蹬杠，慢起成肩倒立，体会用力和维持平衡。

(4)低杠分腿坐，在帮助下慢起肩倒立。

(5)在保护助力下直接做。

(6)男生可用“直角支撑”开始做慢起肩倒立。

7. 肩倒立前滚翻成分腿坐(图9-30)

图9-30 肩倒立前滚翻成分腿坐

(1)先练习跳起屈体挂臂撑(臀部高于杠面)伸髋分腿下压成分腿坐。
(1)在杠中放置一定高度的跳箱作为保护器械防止下漏，进行练习。
(2)在帮助下做完整动作。
8. 外侧坐单腿摆越两杠转体 180°成分腿坐(图 9-31)

图 9-31　外侧坐单腿摆越两杠转体 180°成分腿坐

(1)保护下直接做。
(2)独立完成动作。
9. 支撑摆动(图 9-32)

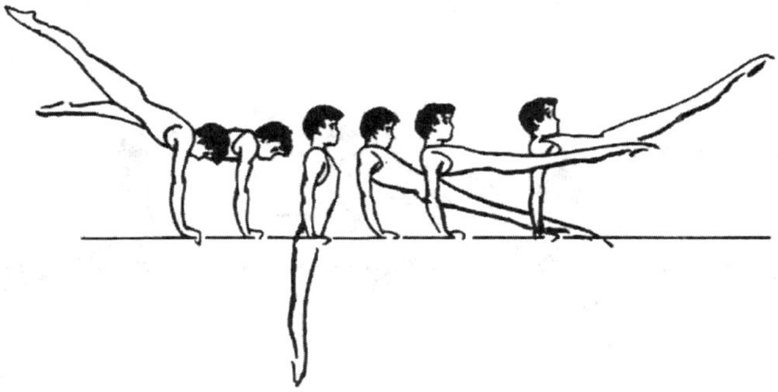
图 9-32　支撑摆动

(1)注意培养正确的支撑姿势。
(2)摆动幅度由小渐大。
(3)用标志物指示踢腿的方向和幅度。
(4)用听觉信号提示踢腿或摆腿的用力时机。
10. 支撑摆动臂屈伸(图 9-33)

图 9-33　支撑摆动臂屈伸

(1)支撑摆动。
(2)做从屈臂撑开始，前摆伸臂成支撑的练习。
(3)采用保护帮助的方法，做支撑摆动臂屈伸，逐渐增加摆动的幅度和次数。
11. 支撑后摆转体180°成分腿坐(图9-34)

图9-34 支撑后摆转体180°成分腿坐

(1)学会支撑后摆，后摆要求两腿超过杠面。
(2)地上俯撑，两脚蹬地、两腿剪绞转体180°，两手依次换撑于臀后成分腿坐。
(2)在双杠上从分腿俯撑开始做上述练习。
(3)支撑摆动下完成动作。
12. 坐左杠，右腿杠中后摆，同时转体180°成分腿坐(图9-35)

图9-35 坐左杠，右腿杠中后摆，同时转体180°成分腿坐

(1)在地上体会如何摆右腿发力、转体、推手的协调用力模仿练习。
(2)杠上慢动作完成，体会动作过程。
(3)从右腿在杠中前举开始，以左腿为轴向右转体90°成双手撑右杠，左腿撑杠姿势。
(4)双手撑右杠，左腿撑杠做侧摆向右转体90°成分腿坐。
(5)保护帮助下完整练习。
13. 挂臂立，一脚蹬地，另腿摆动，经屈体挂臂撑屈伸上成分腿坐(图9-36)

图9-36 挂臂立，一脚蹬地，另腿摆动，经屈体挂臂撑屈伸上成分腿坐

(1)学会摆腿、蹬地、翻臂成屈体挂臂撑。

(2)在垫上屈体仰卧，两臂体侧压垫，做向上送腿伸髋，制动腿和上体急振，体会屈伸的用力技术。

(3)在保护助力下完整做。

14. 支撑前摆直角下(图 9-37)

图 9-37　支撑前摆直角下

(1)杠端面向内站立、跳起支撑前摆跳下，体会依次推手动作。

(2)小摆动双腿越杠推手体会越杠时的推手，然后逐渐加大幅度。

(3)用标志物指示踢腿的方向和高度。

15. 支撑后摆下(图 9-38)

图 9-38　支撑后摆下

(1)小摆动做推手移杠将身体平移出杠。

(2)杠端面向内支撑后摆挺身下。

(3)沿左杠端拉细绳或橡皮筋，做杠端面向内越过绳的后摆挺身下。

(四)单杠

1. 跳上成支撑(图 9-39)

图 9-39 跳上成支撑

(1)在帮助下体会正确的支撑姿势。
(2)做连续蹬地起跳及两臂压杠的动作。
(3)杠下加垫子，并逐渐降低其高度，直至独立完成。

2. 一脚蹬地，另一腿摆动翻上成支撑(图 9-40)

图 9-40 一脚蹬地，另一腿摆动翻上成支撑

(1)在低单杠练习蹬地、摆腿、屈臂、引体。
(2)在低杠上由屈体俯撑开始，在帮助下练习制动两腿、挺身抬上体、翻腕成支撑。
(3)在蹬地处放置助跳板或跳箱盖进行练习。

3. 悬垂慢翻上(图 9-41)

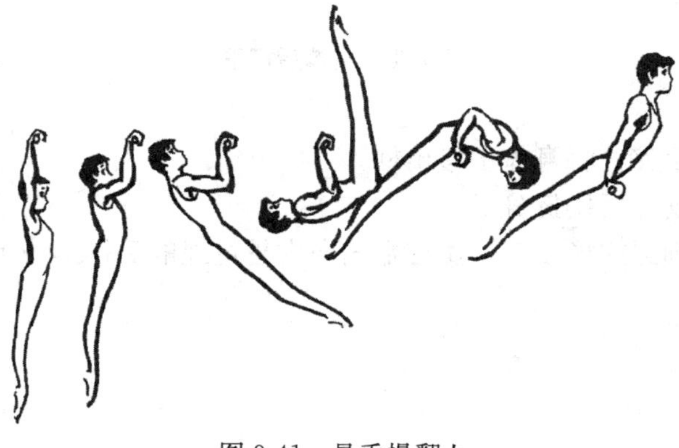

图 9-41 悬垂慢翻上

(1)练习低杠慢翻上成支撑。

(2)帮助下完成动作。

4. 支撑单腿摆越成骑撑及还原(以右腿摆越为例)(图 9-42)

图 9-42　支撑单腿摆越成骑撑及还原

(1)在低杠上做支撑依次推杠左、右移握。

(2)在山羊上完成动作。

(3)杠前放一稍低山羊，右腿摆越后脚前掌靠在山羊上。

5. 骑撑前回环(图 9-43)

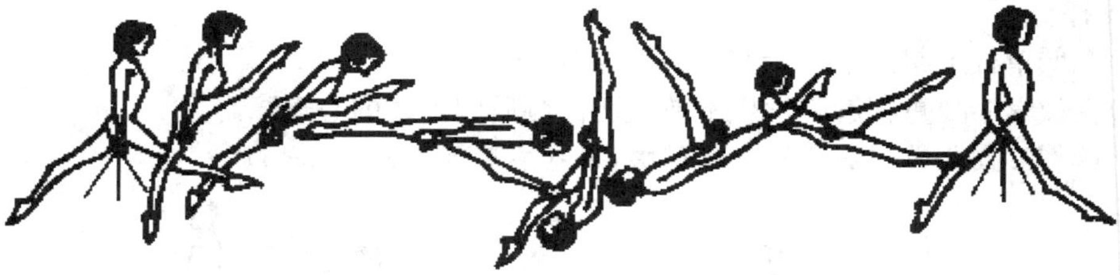

图 9-43　骑撑前回环

(1)在地上用体操棍做升重心、向前跨、上体前压的模仿动作。

(2)在单杠前放置一定高度的跳箱练习升重心、向前跨、上体前压的模仿动作，克服恐惧心理。

(3)帮助下练习低杠骑撑前腿远跨。帮助者站在杠前，一手托小腿，另一手顶肩(或两手顶肩)，帮助其体会前腿远跨和挺胸前倒的动作技术。

(4)在两人帮助下做骑撑前回环的慢动作，使其体会各主要技术环节的技术要领。

(5)在帮助下完整练习骑撑前回环。

(6)教学中可采用在杠前设标志物，指引前腿和上体尽量远跨。

6. 支撑后回环(图 9-44)

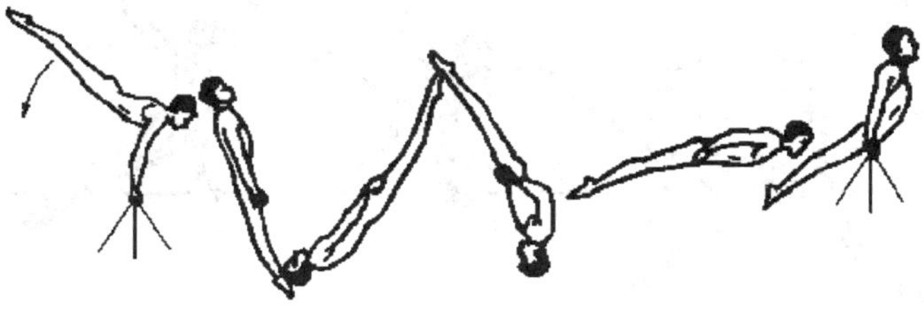

图 9-44　支撑后回环

(1)利用体操棍体会摆腿、倒肩、举腿的配合。

(2)在(1)基础上后倒在软垫上，克服后倒的恐惧心理。

(3)一人托肩、一人托腿帮助下体会回环前半部技术。

(4)快速蹬地翻上，体会动作后半部技术。

(5)做完整动作。

7. 骑撑单腿向前摆越同时转体180°成支撑(以右腿骑撑为例)(图9-45)

图9-45 骑撑单腿向前摆越同时转体180°成支撑

(1)前后分腿立，手握两腿间的体操棒做模仿练习。

(2)在平衡木、山羊等支撑面稍大的器械上练习。

(3)在低单杠前放置跳箱或高凳，练习者前脚放在高位置上做骑撑后腿向前摆越转体180°成支撑。

(4)在低单杠上帮助下进行完整动作练习。

(5)在教学中要重视解除学生不敢大胆向侧后倒上体的心理障碍。

8. 骑撑后倒经单挂膝摆动上成骑撑(以挂右膝为例)(图9-46)

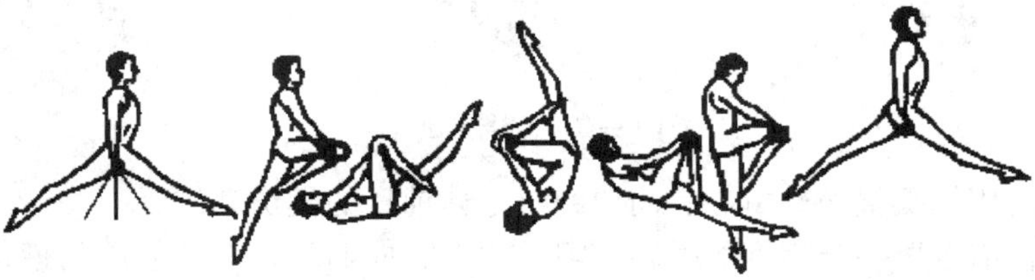

图9-46 骑撑后倒经单挂膝摆动上成骑撑

(1)在帮助下练习骑撑身体重心后移。左腿后举，右腿屈膝挂杠。

(2)练习骑撑后倒挂膝前摆，体会正确的挂膝悬垂摆动技术幅度。

(3)采用杠前设置标志物，练习单挂膝摆动，以指示摆腿方向。

(4)帮助下做挂膝摆动上成骑撑。

9. 骑撑后腿摆越转体90°下(以右腿骑撑为例)(图9-47)

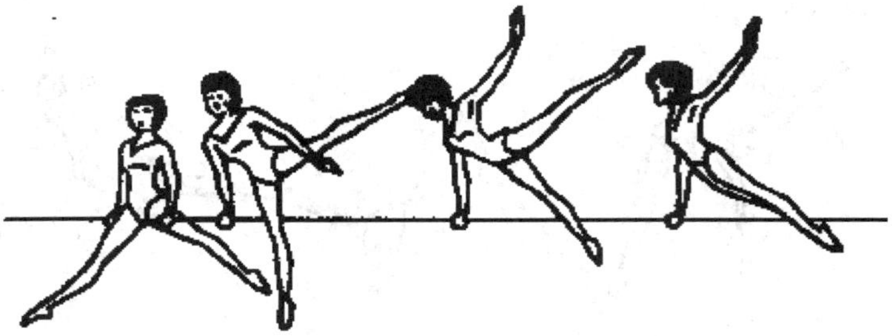

图9-47 骑撑后腿摆越转体90°下

(1)跳马等支撑面稍大的器械上反复练习骑撑向侧摆腿和上体侧倒，体会两腿同时侧摆与上体侧倒的同步技术。

(2)在帮助下练习，动作由慢到快，体会转体左腿摆越的技术要领。

(3)在左前侧悬挂标志物，指示摆腿、体重侧移的方向。

(4)帮助下在低单杠上进行完整动作的练习。

10. 支撑后摆下(图 9-48)

图 9-48　支撑后摆下

(1)在低单杠由两人帮助，练习后摆成俯撑。

(2)在腹部接触单杠处捆上海绵片，反复练习弹杠后摆。

(3)做不推离单杠的支撑后摆下。

(4)在帮助下直接练习支撑后摆下。

第五节　体操教学方法的运用与创新

一、新的教学方法探索及运用

教学是一门艺术，体操教学更是教师采用不同的教学方法，运用自己双手的操作，对人这一活体进行的多变、优美造型的艺术加工，表现出教师与学生对不同动作形态的感受、思维和创造。体操动作技术的不断丰富与发展，就是在创新与创造中萌生、发展与完善起来的。教法的创新孕育着技术的创造，技术的创新又推动着教法的革命。教学艺术其实质是教法的创新。

(一)系列化动作的迁移法教学的艺术性

运用技能迁移的理论，把动作结构、运动方向、技术相近的一类动作，由易到难或由地上到器械等，编排成动作系列化教学程序，以形成掌握前一动作的技术后，又对系列内后一动作的学习产生正效应的教学艺术处理。认真研究大纲教材中各项目动作的系统性特点，找出动作结构相近，技术特征相同，具有共性的动作进行排序，组成系列，并有计划地进行教学是十分有益的。如：团身前滚翻——远撑前滚翻——鱼跃前滚翻——挺身鱼跃前滚翻，可以排成纵向结构的动作系列；技巧的头手倒立——双杠上肩倒立，是一种横向结构的动作系列；单杠骑上——单杠长振屈伸上——双杠长振屈伸上等。这种具有共同技术特点的动作系列，经优化排序，系统教学而达成技能迁移的正效应，可以取得事半功倍的教学效果。

(二)组合变化兴趣法教学的艺术性

兴趣，是学生学习的内驱动力。教学中增加教材教法的趣味性，有助于发挥学生的内在动力，加速动作技能的掌握。教学前滚翻动作，在学生初步完成前滚翻后，可以引申变化前滚翻的不同做法，如：做前滚翻分腿起，前滚翻单腿起等(图 9-49)，既增加了练习的内容，又增加了练习的趣味；掌握单人练习的前滚翻后，可再介绍双人做的前滚翻(图 9-50)；学习鱼跃前滚翻，在较好地掌握要领后，让学生鱼跃过障碍物的前滚翻(图 9-51)等；双杠教学中，可安排简单的双人练习以增加学生的学习兴趣(图 9-52)；做头手倒立或肩倒立的集体组合技巧造型练习(图 9-53)等。这种具有浓厚兴趣的练习方法，对调动学生的学习积极性，活跃课堂气氛，提高教学效果有积极作用。在学生活动十分热烈的情况下，教师要注意加强纪律性教育和保护与帮助。

图 9-49 前滚翻教学的变化

图 9-50 双人前滚翻

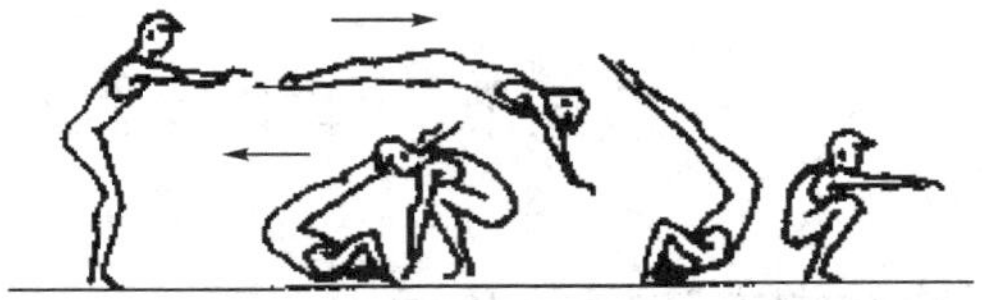

图 9-51 跃过障碍的鱼跃前滚翻

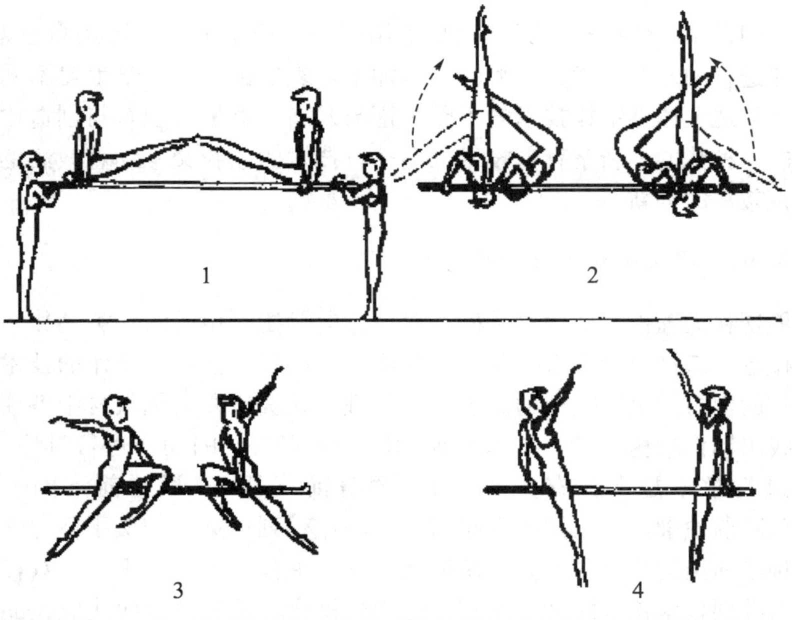

图 9-52 双杠双人练习

图 9-53　技巧造型练习

(三)改变器械形态的教法创新

教学中根据动作的技术特点，利用调整器械的长、宽、高、低或角度、方向等不同形态，以降低动作的难度，有利于实现启发和促进掌握动作要领的目的。如：做双杠分腿坐前滚翻成分腿坐，可以调整杠面稍有倾斜(图 9-54)，由高向低做，或者两杠上加一块横垫(图 9-55)，学生会有安全感；利用斜面形式的双杠，白高向低面做挂摆前摆上练习(图 9-56)；调整器械的宽度或高度，做双杠肩倒立；利用多层垫子，由高垫向低垫做头手翻(图 9-57)；由低向高垫上做鱼跃前滚翻(图 9-58)等。这些都是利用调整器械的形态而实现的教法创新。

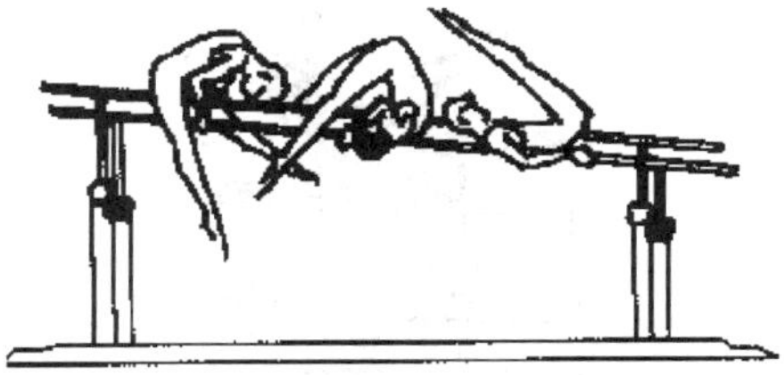

图 9-54　双杠加垫前滚翻成分腿坐

图 9-55　斜面双杠前滚翻成分腿坐

图 9-56　斜面双杠挂臂前摆上

图 9-57　由高向低头手翻

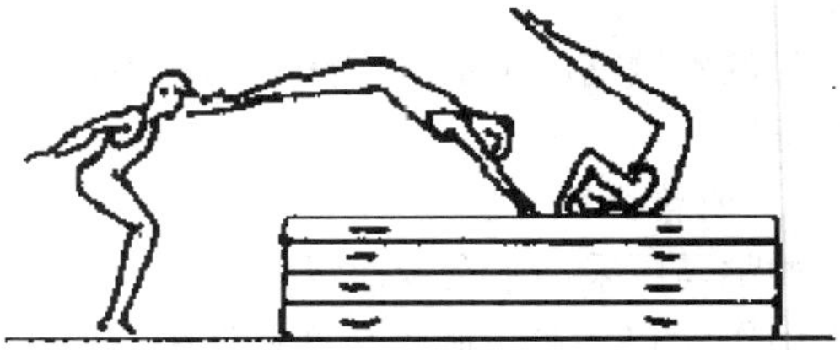

图 9-58　由低向高鱼跃前滚翻

(四)改变器械结构的教法创新

器械结构的改变，也会促进技术的提高和教法的创新。“三段式组合跳箱”改变了传统跳箱纵向不可调的结构模式，实现了跳箱的长宽、高低都可调的新特征。教学中可以组合长短不一的大小跳箱或异型跳箱。练习纵箱的分腿腾越(图 9-59)，可以选择逐段过渡的教法练习。调成高低不同的异型跳箱，可练习斜进助跑的直角腾越(图 9-60)。器械结构的改变，促成教法的创新，促进动作技能的形成。

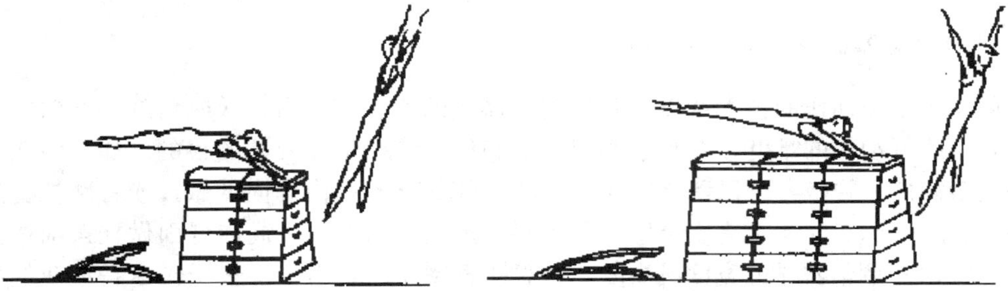

图 9-59 长短不一的纵箱分腿腾越

图 9-60 异型跳箱斜进助跑直角腾跃

(五)改变动作空间的方法

改变动作空间是指改变构成动作的空间因素，调整动作的难易程度，提高教学效率。具体的做法如下。

1. 调整器械的高度

如双杠的肩倒立、手倒立、倒立转体等动作可在倒立架上练习；山羊、鞍马全旋等动作可通过无腿鞍马、无腿山羊等低器械练习；高单杠的短半径回环等动作，如支撑后回环，腾身回环可光在低单杠上练习；平衡木上的跳步，滚翻等动作可在地平衡木(无腿平衡木)上练习。

降低器械高度可消除或减轻初练者的恐惧心理，提高完成动作的信心，同时也便于保护帮助。

2. 调整器械宽度

如跳马可采用平台或跳桌练习(图 9-61)，消除怕撑空的心理；在地面上画线练习平衡木动作(图 9-62)；调整高低杠杠距，使其最大限度地变宽或变窄，降低动作技术难度，提高动作成功率。

图 9-61 平台屈体腾跃

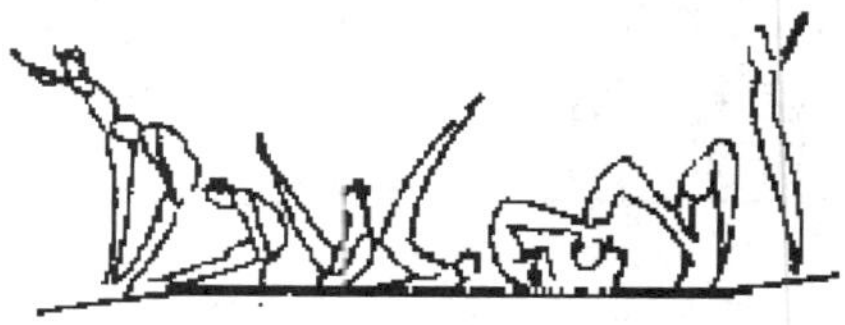

图 9-62 地面画线的平衡木练习

3. 调整器械角度

变平面器械为有一定角度的斜面器械。如斜面练习滚翻类动作，从上往下做，使动作一开始就处在有利位置，故动作的完成变得非常容易。也可反方向做，从下往上做动作，增加完成动作的难度。将跳马调成斜面马(图 9-63)，练习者可看清要支撑的位置，减轻学生怕碰撞近端的害怕心理。将双杠调成斜面状(图 9-64)，练习挂臂屈伸上，提高初练者的重心位置，使动作容易完成，也可反方向做，提高练习的难度和情趣。

图 9-63 斜面马屈体腾跃

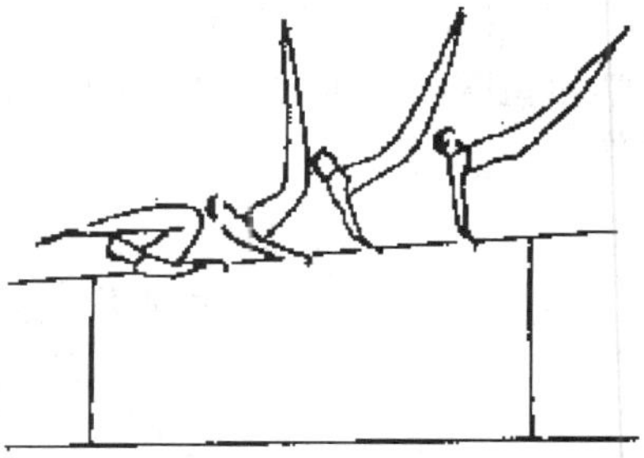

图 9-64 斜面双杠挂臂屈伸上

4. 调整器械长度

如用双山羊替代纵跳马，双山羊之间的距离可视情况调整(图 9-65)。在山羊前拉一根橡皮筋，引导学生第一腾空的高度和远度。

图 9-65 双山羊分腿腾跃

5. 调整器械弹性

如在跳马马身上搭一块海绵垫(图 9-66)，推手时可缓冲手腕的冲击力，也给学生以安全可靠的感觉。双杠杠面上放一块海绵垫(图 9-67)，练习挺身后滚翻等动作，可避免因动作失误，腿部打杠造成伤痛。跳桌上放一块跳板，推手时以获取更大的反作用力。

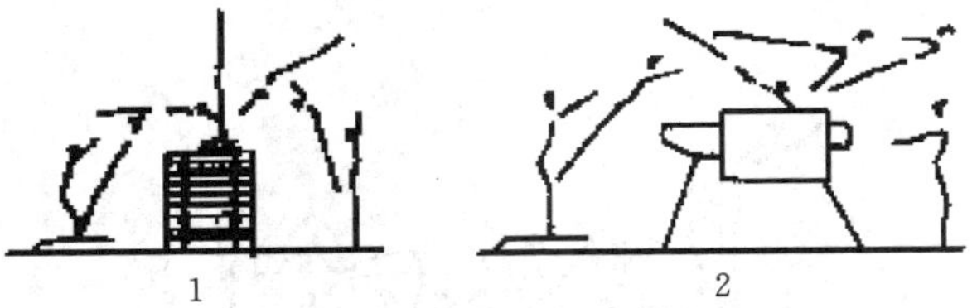

图 9-66 马身搭海绵垫的跳马练习

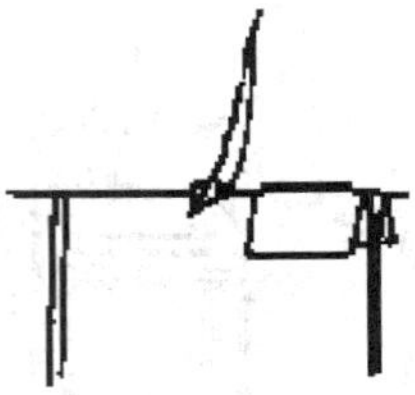
图 9-67 双杠上搭海绵垫的挂臂挺身后滚翻

6. 调整动作在器械上的部位

如杠中绕杠下，初学时可在杠端练习，以防动作失控碰杠受伤。

(六)改变动作结构的方法

改变动作结构是指改变动作结构中的基本要素及联结方式。体操动作结构中的一些要素非常活跃，能起到“集成电路块”的作用，形成“要素链”，在体操动作体系中起着举足轻重的作用。沿着这些“要素链”发展动作形成技术个性，掌握一连串的动作。所谓的“立体教学法”“断面教学法”的基础也就在这里。

1. 改变动作的开始姿势

如学习鱼跃前滚翻时，可先蹲在体操凳上开始(图 9-68)，体会动作关键环节的撑地前滚动作。

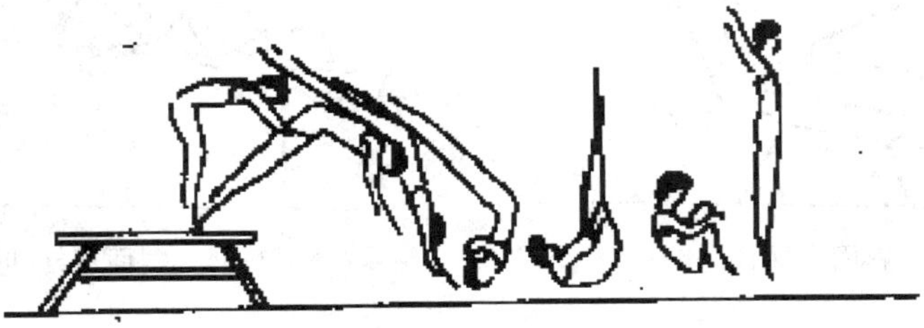
图 9-68 站体操凳上的前滚翻

2. 改变动作“要素链”中的成分

在横向和纵向方面发展动作数量和动作难度，如下面的过渡。

身体姿态要素链：团身——屈体——直体——屈直体。

转体度数要素链：转体 90°——180°——270°——360°。

结束姿势要素链：悬垂——挂臂——屈臂支撑——支撑。

(七)附加器械、辅助器械、保护设施

如跳箱面上放一小球作为标志物(图 9-69)，提醒学生支撑位置和推手角度。

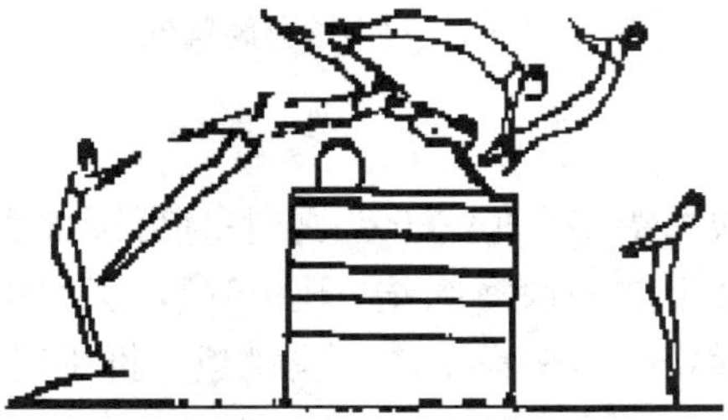
图 9-69 放标志物的跳箱分腿腾跃

双杠侧外置一平台(图 9-70)，练习一些下法动作。

图 9-70 杠侧放平台的双杠支撑后摆团身转体 180°下

教师直接帮助学生练习动作(图 9-71)，保证学生安全顺利完成动作。

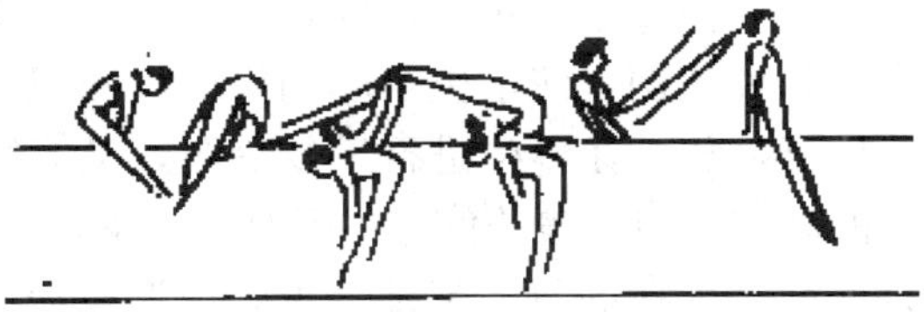

图 9-71 杠下帮助前滚翻成分腿坐

二、现代化教学手段的运用

(一)体操教学手段现代化的意义

教学手段的现代化，主要指教材内容和教具的现代化。传统的教学手段，包括各种文字性的教材内容和简单的教具，前者如教材、教学参考书等，后者如动作图片、教学挂图等；所谓现代化教学手段，主要是运用现代化教学媒体传递教学信息的手段，简称为电教手段，或称电化教学手段。

体操教学现代化手段不仅改进了传统的体操教学手段，而且给整个体操教学改革带来了新的活力。它的意义和作用，主要有以下几方面。

1. 增强体操教学直观

现代化教学手段具有高度的再现性，能使体操教学形声化。它有利于加强动作的表象教学，加深学生对动作概念的理解。

体操教学中，感知是学生学习动作技能的开始。感知效果好有助于动作表象和概念的形成，学生对动作技术缺乏感性认识是体操课的困难之一。体操教材内容中较多的摆动类动作，技术结构复杂，仅靠教师的示范动作来建立运动表象，直观限制较大。其主要原因是动作示范过程的时间、空间速度难以控制，教师无法按层次讲解动作要领，造成学生视听有困难。结合电教手段进行教学，教师就可以根据教学要求，把演示运动图像的速度与讲解结合起来，有节奏、有指向性地加以灵活调节，以便让学生循着技术动作的结构顺序，进行有意观察，提高感知效果，并加深对动作技术概念的理解。例如，单杠“直体后空翻转体 360°下”采用电教片教学，由动作外部形态，再出现动作结构及其固定联系的局部成分，由表及里地逐次演示讲解，形象地揭示动作的技术特性和内在联系，为学生提供丰富的感性知识，从而使学生清楚地理解动作概念。

在体操普修课中，运用幻灯片、投影片教学尤其重要。高等学校体育专业低年级的学生，体操基础差，缺乏知识经验，直观思维还处于主导地位。因此，在动作技能教学的初期，为了提高“示教”的效率，借助幻灯、投影教学手段作为传递信息的媒介，把运动知识的对象由抽象变为具体，从而使学生易于理解，便于记忆。

但是，运用幻灯、投影教学必须考虑到学生的专项基础和相关知识经验等实际情况。如果学生对于有些感性认识较丰富，学习和理解中不存在什么困难的教材内容，也要一律运用幻灯、投影教学，其结果不但流于形式，而且会影响正常教学的进行。

2. 提高体操教学效率

提高体操教学效率，对教师来说，就是在单位教学时间内，要完成更多的教学任务；对学生来讲，就是在一定的时间内要学习更多的知识、技术、技能。课堂教学中运用电教手段提供在实际练习中的各种范例，使学生了解如何应用知识进行动作技能的模仿练习。录音和录像磁带既能反复播放，让学生进行反复练习，又能给学生的练习活动提供反馈信息，录下学生所有的动作，与正确的信息进行对比，发现差别，找出技术性错误，立即加以改进。这样可以帮助学生在练习的基础上更好地形成动作技能。利用录像带进行技术动作的教学与训练，不仅可以提高教学效率，而且可以大大缩短教学进程。

利用电教手段提高教学效率是有科学根据的。关于注意比率的研究表明：人们在学习时，使用视觉媒体，其注意集中力的比率为81.7%；使用听觉媒体为54.6%。从体操教学角度看，采用电教手段，可以使学生充分地利用视觉与听觉去获取知识，可以使学生综合利用多种感官进行动作技能的学习，因此也能使教师获得较佳的教学效果，提高教学效率。

3. 促进体操教学改革

运用电教手段进行教学，对促进体操教学改革有多方面的作用。

1)在改革教学手段方面

近几年来，有些高校体育专业，由于重视电教手段的运用，体操教学为取得最佳效果提供了有利条件。电教手段具有多种教学功能，对体操教学有较好的实用价值。教师在教学中根据实际情况有目的地选择、运用各种电教手段，同传统教学手段互相配合，互为补充，这就实现了教学手段的现代化和多样化。

电教教学的一个重要特点，是在教学中采用了多种多样的教学媒体。这些媒体的出现已逐步广泛地在教学中运用，其意义不仅是作为一种教学工具来辅助教学和在教学上增添几种教学手段，还是一种教学信息传递形态的根本变革。

2)在教材内容设计方面

体操教材和其他学科教材一样，都是文字教材。电教教学是根据文字教材的内容，遵循教学规律，运用知识的内在规律和学生的认识规律，进行专门摄制的形象化教材。它与文字教材有很大的区别：文字教材直观性较差，而电教教材是生动形象的，从而改变了文字教材形式单一化的状况。

教材内容设计，从发展前景看，应按大纲要求编制配套的文字教材与电教教材。就是说要按教学内容性质，选定最合适的符号与教学媒体，使之能最有效地去呈现这些教学内容。教学内容的形声化和程序化，是追求更高的教学效率和更好的教学质量的过程和手段。教学效率和质量的提高，要同时体现在学生的知识、技术和技能，以及能力的发展上。所以，实现教学手段的现代化，是推动课程教材建设的一个重要方面。

3)在体操教学形式方面

以电教手段传递、加工、贮存教学信息，不仅适用于课堂教学，而且能在课外重复使用，供学生自学、复习和补课之用。因此，开放的教学和自学系统成了体操教学改革的一种重要形式。那种“唯有教师讲、做示范动作”的课堂教学形式开始被突破了。同时，电教教学也为发展体操函授教育，扩大函授规模提供了传授教学信息的新形式。

4. 与传统教学手段的合理应用

电教手段有多方面的优点，但也有一定的局限性。为了使直观演示取得最佳效果，应该把现代化教学手段与传统教学手段结合起来，使学生通过各种感官活动“学会理解事物”“学会变聪明”。因此，在体操教学中要正确处理好各种教学手段之间的关系，既要区别对待，又要相互为用。例如，像幻灯这一教学工具发展较快，幻灯片由静止的单片发展为复合片、抽拉片等，同时还出现了投影器件，为体操课的直观教学提供了更为有利的条件。那么，体操教学是不是就可以用幻灯教学来取代呢？我们认为，只有把幻灯教学同其他直观手段组成一个教学法的控体，才能各用其长、起到更好的作用。

总之，重视现代化教学手段的实际运用，是符合体操教学特点和规律的，是改革体操教学的一条重要途径。但是，应该指出，现代化教学手段还只是体操教学中的辅助手段，用它完全取代传统教学手段是不切实际的。同时，由于教学经费和技术条件的限制，由于教师水平、传统习惯等多方面的影响，现代化教学手段的作用目前还得不到全面发挥。因此，我们既要充分认识体操教学手段现代化的意义，创造条件，逐步实施，又要从实际出发，决不能操之过急。否则，欲速则不达，反而会达不到预期的效果。

(二)体操教学手段现代化的形式及其运用

1. 视觉手段(幻灯和投影)

幻灯、投影，主要是作用于学生视觉感官的现代化教学手段，称为视觉手段。目前，幻灯、投影教学在电影、电视教学还没有得到普遍应用的情况下，它将是体操教学手段现代化的主要形式之一。

在体操课中，教师使用电化媒介，能够控制信息资料显示的顺序和速度。幻灯片、投影片适应性强，便于适时更新。教师使用这种媒体，配上教师的语言讲解，或者教师的讲解录音，就能使教材内容产生良好的显示效果。

单片幻灯片与卷片相比制作材料简单，容易购置，制作工艺不复杂；卷片有着固定的顺序，贮存和放映非常方便，但不容易适时更新内容。卷片和单片幻灯片都能显示图像、图表和印刷内容，都能与录音磁带和自动放映程序同时使用，有较好的实用价值。

投影仪可以用来显示直接书写在透明软片上的信息资料。它的特点在于教师可以面对学生演示操作，一边投影讲解，一边保持与学生目光接触，及时获得教学信息的反馈。另外，投影仪多用强光源，体操房内不必遮光也能看到清晰的图像。幻灯、投影在体操教学中的运用方法有：

1)代替法

即用投影仪代替教学挂图的一种方法。如课前教师把某些体操教学内容制成幻灯片或投影片，上课时边讲边放映。采用这种单片(静片)进行教学，就可以代替某些直观挂图，而且往往比运用直观挂图的效果要好得多。

2)增减法

即用复合片，以递增或递减的形式进行演示的一种方法。如技巧“头手翻”动作的图像系列片，教师可按教学要求，指导学生从局部到整体，或由整体到局部逐一显示动作技术的图像内容，以促使学生由表及里地去认识动作。这种方法有利于发展学生的智力和能力。

3)遮盖法

教师按教学需要，用纸片遮盖于投影片上，并依次呈现教学内容，或用忽遮忽现的闪动方法，使学生的注意力集中在闪现的动作细节上，以便分化知觉。

4)示动法

利用抽动、旋转、线叠等幻灯片的特点，对教材内容的技术难点进行讲解与分析，以便获得更好的视觉效果。

5)双镜头法

双镜头幻灯机或两台幻灯机联用，在银幕上可以分别成像或叠合成像。演示时，在机面上做遮幅投影，可使银幕上的图像做分割、切换的变化。这种方法可用来加强图像前后的对比效果，或呈现内容丰富的图像。

6)声像同步法

在幻灯、投影教学中，有些教材不仅需要用幻灯、投影显示动作图像，而且还需要运用录音机配以生动的语言理解、做到声像同步，以提高动作技能教学的效果。

上述方法，教师应从体操教学的实际需要出发，有所选择，并加以灵活运用。

2. 视听手段(视频)

视听手段的电影、电视、录像等现代化教学手段能记录电视信号并加以贮存和重播，对教学具有很好的作用。视频在体操教学中的运用有：

1)选择使用视听的几种类型

用于阶段性预习。阶段性预习是指教师按教学进度，把预定的教材内容，通过影片教学做到“预习在前，上课在后”。其目的在于使学生学习新教材内容之前获得一定的感性认识，引发主动学习，探求知识、技能，并能在实践中去应用。

用于教法作业。它的主要作用在于使学生通过形象化的影片教学，进一步强化学习过程，掌握系统化的教法规律；在于使学生提高运用教法和探索教法的能力。体现教法作业的影片，可以根据教学要求进行专门摄制。

用于课外活动。主要是为了让学生了解体操运动发展的动态，开阔视野，扩大学习领域，丰富专业知识，激励他们爱专业，学专业，不断提高学习的自觉性和积极性。

2)教学中运用电影的几种形式

放映影片代替教师讲授，采用这种教学形式，教师一般只在放映前指导和放映后辅导。这通常是在研究体操专业课题中进行。

以放映为主，学生观察和教师讲解交叉进行，运用这种方法，教师的讲解可以根据影片的内容，一个动作一个动作地进行，也可以在学生的观察中进行。但是，教师的讲解应符合学生的思维规律，不影响学生的视听效果。

以教师讲解为主，运用电影只是为了说明讲解预定课时的内容，一般是采用教学电影片断或影片中与教学内容结合密切的某一部分或某几部分片断，采取反复放映的办法，让学生反复观察、理解。

3)视频在体操教学中的运用

辅助教学：是指在课堂教学中采用部分电视教材进行辅助教学。采用这种形式，教师就要根据预定的教学任务，播放有关的录像教材，与教师讲解构成一个有机整体。进行电视辅助教学，要紧扣体操教学环节，以提高动作技能教学效率为前提。

开展教学研究活动：运用电视录像教学开展教学研究活动，是当前体操专业教学值得提倡的重要方面。由于教学科研的深入发展，有关体操教学、训练的电视片、录像片，都在不断地为大家所使用。同时，一批体操“难新”动作的录像片，和一些优秀体操教师的课堂录像片，也正用来为开展体操教研活动服务。

培训体操师资：电视录像是扩大师资培训工作的有效手段。通过电视录像，可以系统提高在职教师的教学业务水平。根据一定的教学计划，把高校体育专业有关的体操课程内容的教材教法录制下来，供广大教师收看。这样，那些没有相当学历的教师，边教边学习，可以受到系统的训练。把中小学体操教材教法，录制成课堂实况系列片，可以帮助教师们过好教材教法关。

第十章　体操教学中的保护与帮助

第一节　保护与帮助的意义与作用

运用保护与帮助是体操教学法的一大特点。保护与帮助含义不同，但两者互相联系，保护中有帮助，帮助中有保护，相互作用，又相互依存。保护与帮助是用来作为增强学生学习独立性的一种有效手段和预防运动创伤的重要安全措施，也是体操课业中学生必须掌握的内容之一。因此，有目的、有计划地训练学生熟练地掌握保护与帮助的技能和技巧，应是体操专业教学的基本任务之一。

保护与帮助也是教、学双方相互获得和传递信息的有效方法之一，它能使练习者感受正确的时、空和肌肉感觉的信息，同时使帮助者获得动作实际完成情况的反馈信息。借此，帮助者能及时发现、纠正动作错误及调整教法手段。此过程也有助于教、学双方对动作技术理解的不断加深。

在保护及帮助下学习动作，能消除顾虑、减轻练习者的精神负担，使注意力集中。生理学指出，注意力集中能发生定向反射，此时大脑皮层的相应区域产生优势兴奋中心，并引起对邻近区域的抑制，因而有利于加速动作技能的形成。体操练习常使人体处于非正常状态，可能由于对动作理解的差异，或其他某些因素的影响而易失手，造成创伤。及时地进行保护或帮助可避免伤害事故的发生。

保护与帮助也是体操教学、训练的基本技能之一，应重视对练习者这种技能的培养。因通过操作，练习者不仅能掌握保护与帮助的方法，还能提高对动作的观察、分析和理解能力；同时对树立互相帮助、互相关心、互相学习的好风尚亦有着积极的作用。

保护与帮助具有一定的同一性。在帮助中，能体现保护的作用，在保护时也会有帮助的效果。但两者各有不同目的、要求和操作技法，因而内涵也就不同。所谓“保护”，是指在进行体操练习时，为防止伤害事故的发生而采取的一种安全措施，需时时贯彻，因而具有绝对性；“帮助”是指给练习者以助力、提示等，使之加速掌握动作，建立动作正确概念的一种教法手段。它根据动作的掌握情况而有所取舍，并在不同的学习阶段中，其程度和方法亦各有不同。一旦动作熟练，就不再给予帮助，因而具有相对性。

第二节　保护与帮助的基本方法

随着体操运动的不断发展，在体操教学中保护与帮助的方式、方法也是多种多样的。通常把保护与帮助分为保护、帮助、利用器械的保护与帮助三大类。

一、保护

为防止练习中意外事故的发生而采取的安全措施称为保护。它包括发生危险时的安全措施、未发生危险时的预防措施，也包括自我保护措施及他人采取的安全措施。保护分他人保护和自我保护两种。

（一）他人保护

他人保护是指当学生做练习出现危险时，教师根据实际情况，给予一种直接的力量，使其摆脱危险的一种措施。

保护主要是在学生进入独立完成动作阶段，但尚未达到熟练程度时运用。

保护人要根据项目的特点，动作的难易程度，学生掌握动作的程度，以及客观条件的变化决定保护的具体方式、方法。

保护人的位置应根据项目特点和动作技术结构的不同而定。一般保护人的位置应选择学生完成动作的路线、动作易于失手而又便于扶救的地方。常用的方法有接、拉、抱、挡、拨等。当学生失手时，顺着其方向减缓或加速动作的速度，改变身体的位置，避免身体剧烈摔倒的危险。如学生从器械上头朝下跌落时，保护者要将他拦腰抱住或拨转身体的位置，减缓跌落的速度，防止头部直接着地。

（二）自我保护

自我保护是指学生在动作失手时，采用自救的手段来摆脱危险的方法，它在体操教学中经常被采用。教师要有计划、有目的地培养学生掌握和运用自我保护的能力。常用的自我保护方法有：

（1）利用动作的惯性顺势做屈臂、低头、团身、滚翻、滚动以及下蹲等方法，减少冲击力。如跳马落地的前冲等都可采用此方法。

（2）改变动作和体态，以缩短回环和旋转的半径，避免剧烈的摔倒。如手倒立前倒时，手离地做转体动作等。

（3）中断练习或跳下器械。因动作失误、动作节奏破坏或器械不牢等原因，应及时中断练习或自动跳下。

（4）紧握器械。因动作失误，避免跌下发生危险时，可采用此方法，以减缓身体下落的力度，防止事故的发生。

（5）正反握互换。因动作失误，或未完成时，改变握杠姿势。如骑撑前回环时，回环不够下落回摆时，变反握为正握。

二、帮助

在练习过程中及时给予练习者助力、信号或放标志物和限制物等，使其更快地建立正确的动作概念，更好地掌握、改进和提高动作技术的措施称为帮助。帮助分为直接帮助和间接帮助。

(一)直接帮助

帮助者直接施加助力于练习者，使其更快地建立正确的动作概念，更好地掌握、改进和提高动作技术的措施，叫直接帮助。直接帮助学生完成动作所给予的常用的基本手法如下。

托：它利用托腰或臀部使身体重心升高或靠近器械轴，以便完成动作。例如各种器械的上法等。

送：它使身体重心远离器械轴，以利于完成动作。如起摆或摆动等。

顶：它主要用于顶肩，拉开肩角，加大动作的幅度或有利于支撑推手，提高腾空高度。如跳马的推手动作和技巧的前手翻等。

挡：它是给学生一种阻力性的助力，用于在完成动作力量过大时。如技巧摆动手倒立等。

拨：它指帮助增加回环和翻转的速度和力量。如单杠骑撑前回环、支撑后回环等。

扶：它指扶着学生进行练习，不主动予以助力，防止失误。如跳马落地时扶腰或做器械上的各种下法时的扶持等。

(二)间接帮助

间接帮助是帮助者不直接给予练习者以助力，而是通过信号、标志物和限制物等手段，使练习者掌握正确的用力时间和节奏，体会身体所在的空间方位，尽快地学会动作和提高动作质量的一种措施。

信号：包括利用语言、信号或击掌等方法。如“低头”“踢腿”“顶肩”等，指示用力的时机和方向。

标志物、**限制物**：包括用绳、竿、球等作为标志或限制，用以指示动作的方向和幅度，以建立正确的时空感，提高动作质量。

三、利用器械的保护与帮助

为了让学生体会和掌握动作，利用某种专门保护器械给予保护帮助，是体操教学和训练中经常采用的一种有效方法。如保护腰带、滑车保护带、保护手套、沙坑、稻草坑、海绵垫、海绵包、海绵坑，以及不同高度的保护凳等。利用这些器材，学生不仅可以预防伤害事故发生，而且对于尽快地掌握难新动作，提高动作技术水平起着很重要的作用。

第三节 保护与帮助的运用

保护者是否处于有利的位置，关系到能否起到保护与帮助的作用，因此要认真选择好保护的位置。位置的选择应根据项目特点和动作类型的不同而定，保护者的位置一般应选择接近学生完成动作的路线，以及易于失手的地方，并要以不妨碍学生完成动作为宜。

各项目练习时保护与帮助者位置的选择如下。

1. 单杠

保护者一般站在杠下两侧。摆动或回环动作，易在杠下垂直面前或后脱手，因此在做前摆或向后回环动作时，应站在杠子的前侧，如骑撑后回环；做后摆或向前回环动作时，应站在杠子的后侧，如骑撑前回环。

2. 双杠

保护者一般站在杠子两侧，从杠下伸手给予助力，有些低杠动作亦可在杠上帮助。如高杠的前摆上要从杠下借助力，而支撑摆动则宜在杠上予以帮助。

3. 技巧

保护者一般随动作而前后移动。通常向前的动作应站在前侧，如鱼跃前滚翻等；向后的动作应站在后侧，如后滚翻等；向侧的动作应站在背侧，如侧手翻等。

4. 跳跃

为改进第一腾空技术，可站在踏板的一侧帮助摆腿；为改进第二腾空技术，可站在箱前帮助顶肩；学生落地时，一般站在落地点侧方，防止前扑或后倒，此法也基本适用于其他各项目的下法。

五、转体动作

保护者应站在练习者转体方向的异侧，以便给予助力，如双杠支撑前摆向内转体 90°下等。

第四节　保护与帮助的要求

一、对保护者的要求

保护与帮助是否能顺利进行，关键之一在于练习者对保护者的“信任”与否。因此要求保护者做到下列几点。

1. 熟练、精确、敏捷

熟练，指手法、步法要符合操作规范，能有效地调节动作节奏。保护与帮助要特别注意用力得当，做到上下起伏，左右应急，协调一致。用力不妥，必然会使学生感觉失灵，甚而导致动作失误。

精确，指控制练习者身体重心变化的合理性判断。保护与帮助的有效性，主要反映在“手感”的精确性上。教师善于通过保护与帮助的操作过程来把握自己贴切的手感，是检验“抄功”技能是否熟练的一个重要标志。正确运用“抄功”技能和技巧，这对提高技术动作的训练水平具有独特的功效。

敏捷，指保护与帮助者的应变能力。应变能力强，能快速灵敏、随机应变。敏捷的关键在于保护与帮助能得心应手，满足练习者的实际要求，合乎练习者的心理状态。

2. 体现技术动作的教学目的

体操动作技能是属于“闭锁性”技能。在一般情况下，学生掌握动作技能，主要是通过内部的本体感受器所介入的反馈来调节动作的。根据这一特点，教师在各个教学阶段，施行保护与帮助的主要任务是借以提高学生肌肉运动的感受性，它的作用是为练习活动的强化与校正提供信息反馈，这有助于和错误的动作进行比较，便于形成正确的肌肉感觉。因此，在动作技能教学中结合学生的练习实际，有针对性地、不失时机地进行恰当的保护与帮助，目的是促进学生的练习活动达到自我控制和自我调节。可见保护与帮助必须体现教学目的，离开了教学目的，保护与帮助便失去了应有的教学价值。

3. 有效地运用助力性帮助

有效的助力性帮助，既能促进教师完成具体教学阶段的任务，又能使学生适应。例如，在动作模仿阶段，有时要适当加大助力，加深练习的动觉体验，有时要相应减小助力，增强练习的独立性；在动作熟练阶段，有时要用助力性练习与非助力性练习交替进行，提高练习的准确性、协调性和稳定性。由于教学具体阶段及其目的任务不同，因而助力性帮助也应随之变化。

4. 恰当地选择“脱保”时机

由保护与帮助向独立完成动作阶段过渡，应作慎重考虑。在脱保时机的选择上，不能仅从掌握动作的熟练程度来分析，还需要分析内在的心理因素，才能使练习者完成动作的内在感觉与外在的动作要素一致，最终达到脱保，练习者独立完成动作的目的。

在脱保问题上，有两种倾向：一种是盲目自信，过早脱保，这将影响动力定型的正常建立，出现教学进程的不平衡现象或造成意外的创伤事故；另一种，是对练习者的自我控制能力估计不足，因而不敢脱保。因此，掌握好脱保时机，对加快学生的学习过程，培养他们的意志、独立完成动作的能力和防止伤害事故的发生，都具有重要的作用。

在一般情况下，影响脱保时机的因素有：掌握动作的熟练性和技巧性；有效完成动作的数量、密度、强度；充沛的体力、正常的心理状态；意志品质、自我保护能力等。

5. 要有高度的责任感

保护时思想集中，时时提防失手的可能性。

6. 应有“舍己为人”的精神

在任何情况下，一旦发现有失误掉下的危险，首先考虑练习者的安全，勇于上前，解脱危险。

7. 要熟悉练习者的特点及技术情况

做到心中有数，区别对待。

8. 所站位置及操作方法应使练习者感到有安全感

这样，练习者方能集中注意力进行动作。若练习者感到不适时，必须及时调整操作方法。

9. 要防止练习者的依赖性

一旦动作成熟，就需减少助力或脱保，但脱保时需要格外注意安全，一方面应脱其身而壮其胆，另一方面应提防万一。

10. 要认真检查场地、器械及保护用具

二、对练习者的要求

注意力集中是学习动作的必要条件，因此要求练习者在接受保护与帮助时需做到下列几点：

(1)对保护者必须充分信任，密切配合。

(2)在帮助下，应将注意力集中在动作的关键技术上，大胆果断地按要领进行动作。

(3)动作失误时，需沉着，并应主动而果断地采取自我保护措施。

(4)动作后，主动将所受助力的感觉及动作的体会提供给帮助者，用以及时调整和改进帮助方法。

第五节　体操保护与帮助的训练

一、课堂教学观摩

观摩是带有示范性的一种学习形式，是取得感性知识的有效途径。观摩教师在课堂上进行保护与帮助操作示范，这是指导学生学习的有效条件。学生在校期间，教师应有计划地定期组织他们到有关专业学校进行保护与帮助的观摩学习。这种学习活动能一般地了解体操教师是怎样进行保护与帮助的实施方法的。

课堂见习观摩前，必须明确学习什么和怎样学习，并确定观摩的具体内容和要求。必要时还要编写观摩提纲，或绘制观摩表格等。

见习观摩时，应注意观察师生双方的活动情况，即教师怎样在保护与帮助中施展自己的能力；学生怎样在“保护中学、帮助中练”。对教师选择各种保护与帮助方法的具体应用，学生在观摩时要由点到面，点面结合，应着重对常用的几种方法作重点观察。同时，教师要要求学生对这些方法的实际效用，进行自我评定。

见习观摩结束时，根据需要与可能，最好请任课老师再做一次经验介绍，以便巩固观摩成果，提高学习水平。

二、课堂教学实习

课内加强保护与帮助的能力训练，是全面贯彻教学任务的一个重要环节。传统教学不重视或很少重视教学能力训练，单就保护与帮助方面来说，教师往往出于“责任心”，为学生安全操劳，即教学过程中，不论学生的个儿大小，一律保护，无一例外。这从表面看，教师的忙碌精神可佳，但实际上教师应该教会学生也应该学会保护与帮助。

帮助的能力训练应是教学内容的一部分，也要通过教师的教和学生的练才能获得。因此，要求学生在学习动作的过程中，也要学习动作的保护与帮助，促进互“练”互“帮”，这才是训练教学能力的正常途径。保护与帮助的能力训练有以下两个方面：

1. 帮助的操作示范

操作示范，要结合学生做动作时的实际过程来进行。示范时，应做到初次示范，要求学生看清操作程序，明确要点。第二次示范，要求学生继续了解操作程序，并根据自己的观察推测操作过程的情境。再次示范，要求学生深入了解操作程序，并与自己的推测相对照，修正自己的推测。

2. 帮助的训练步骤

第一步，配合新的教材内容，进行模仿性练习，熟悉操作过程及基本方法。

第二步，紧扣复习教材内容，加强“实战”训练，提高操作技能的熟练水平。

第三步，结合成套练习，进行保护与帮助技能的综合训练，熟悉多种技能的综合应用。

三、课外模拟训练

充分利用课余时间，组织学生进行模拟训练，是提高保护与帮助能力的一种有效形式。它可以不受时间、条件的限制，不断增加训练内容。进行模拟训练，可根据班级学生的不同情况，自由组合，以小组为单位，学生既当“保护”者，又当被“保护”对象，相互轮流训练。模拟训练前，要求学生认真写好训练计划，并按课堂教学要求，努力创设各种教学情境，以便活跃训练气氛、提高效果。模拟训练的基本形式可有：单人操作训练；两人操作训练；一对一的操作训练；带器械的操作训练；利用信号、标志物的操作训练；使用海绵坑进行的自我保护训练。

保护与帮助是教学的有效手段之一。它的运用必须与教学进程、教学方法协调一致。因此，要充分发挥保护与帮助的实际效用。在教育实习前，还应结合课堂试教，同时加以综合训练也是十分必要的。

第六节 体操运动的创伤及预防

增进人民的健康，是我国体育运动的任务之一。因此，每一个体育教师和教练员对从事体育运动者的健康应该十分重视。

为了增进和维护学生的健康，体操教师和教练员应随时注意并防止体操创伤的发生。

大家知道，在练习中受了创伤，不仅损害健康，而且会影响学生的学习和工作，同时也会丧失锻炼的能力。学生在跌伤或挫伤以后，将会带来害怕心理，要消除这种心理状态，往往需要花费很多时间，这就会影响教学和训练工作的顺利进行，阻碍运动技术的发展和提高。

体操教学和训练中可能发生创伤，但创伤不是不可避免的。经验证明，只要重视安全措施，并认真执行，创伤是可以防止的。

根据受伤情况的分析，有许多创伤往往是由于对安全问题不够重视，思想上麻痹大意所造成的。

为了避免运动创伤，教师和教练员应该经常考虑到创伤的原因及其预防的办法，并且要与可能引起伤害的一切因素作坚决斗争。

在体操练习中，引起创伤的原因可能有下列几个方面：

(1)不遵守教学法原则及课的组织。

(2)培养学生自觉遵守纪律这一教育工作做得不够，或者根本未做。

(3)课中缺乏保护和帮助或者不会运用保护、帮助和自我保护的方法。

(4)没有对学生的健康状况进行定期的医务监督，也没有指导学生对自己的健康状况进行自我检查。

(5)场地准备得不好，课前对器械检查不够细致。

教师必须了解上述各种引起伤害的原因，并且应该认识到，以上各种原因中哪怕只有一条没有做到，都可能造成伤害事故。在体操课中，应严格地遵守下列预防创伤的办法。

一、遵守教学法原则和课的组织

在教学和训练过程中，有些运动创伤是由于没有严格遵守系统性和可接受性的原则而引起的。我们知道，掌握动作的过程，是由简单容易的动作，逐渐过渡到比较复杂和困难的动作的过程。如果教材内容的安排不合理，所选练习与学生的训练水平不相适应；或者是在教学和训练中急躁冒进；或者企图在极短时间内训练学生参加比赛，突击某些不适合学生体能所能及的动作，就容易发生创伤事故。

采取良好的教法，对避免运动创伤也有很大的意义。例如：单杠、双杠项目中有不少动作，可以先在低杠和中杠上练习，这样教师容易进行帮助和保护。等到学生对这些动作有初步体会后，再转到高杠上去练习。又如，做技巧运动练习，可先在较软的垫子上做，特别是学习难度较高的动作时，可在沙坑中进行。学生运用这种方法，不仅能收到很好的学习效果，而且对维护安全也能起到良好的作用。

现在，我们在体操教法上有了很大的改进，创造了许多新的保护器材和保护方法。如各种保护带、保护滑车，以及高位位置保护法等。如果能很好地运用这些教具教法，将会大大增强学生学习动作自信心。这些教法，既有助于解决练习中的安全问题，又能使学生在很短时间里掌握困难复杂的动作。

运动量安排不合理，也是引起创伤的原因之一。学生受伤，往往是在某一个项目或在一次训练即将结束时发生。这种情况，通常是由于教师对某一个项目或某次训练课的运动量或运动强度掌握得不恰当所致。我们知道，在体操练习中，有很多动作需要花费很大的力量来完成，如果在安排练习时，不考虑到肌肉工作的性质，或者过多地重复某些练习，就会使某一部分肌群过度疲劳，控制能力降低而导致创伤。

准备活动做得不充分，同样是发生创伤的原因之一。如果肌肉和韧带还没有进入良好的工作状态，在练习中就会被拉伤。所以在学习动作前不仅要做好一般性准备活动，而且还要做好专门性的准备活动。在做专门性准备活动时，最好让学生根据自己的需要，在即将进行的练习前，做一些最喜爱和熟练的动作，然后再练习新的动作。尤其是高级运动员的准备活动，更应该注意个别对待的原则。因为他们的身体素质和训练水平各有不同，而且所学的动作也不一样。

课的组织不好，是发生创伤的又一个原因。如果学生的队伍调动不合理，秩序混乱或学生的位置分配不当，做练习时就可能发生互相碰撞而造成创伤。

二、培养学生自觉遵守纪律

良好的纪律和认真的学习态度，是预防伤害的重要因素之一。课堂纪律不好，学习不认真，乃是经常造成伤害的原因。因为学生只有在了解动作的方法要领以后，才有可能做好所学的动作。所以，教师应该重视培养学生的自觉纪律，教育学生认真地去对待学习；而每一个学生，也应该认识到课堂纪律的重要性，并自觉地执行教师的指示。

三、准备活动应充分

身体的各个部位，特别是颈、肩、腰部和各关节、韧带、肌肉都应得到充分的活动，使它们为正式参与各种活动做准备，以最佳的状态投入运动。

四、合理安排运动量

运动量太小，不仅对有机体的影响不大，达不到锻炼身体的目的，而且也不能很好地体会动作要领，掌握动作。运动量过大，超过了身体的生理负荷，就会造成运动创伤，出现伤害事故。因此，过多地安排某一项目或过多地重复某一动作，忽视肌肉工作的性质，都是不合适的。

五、重视骨干培养

教学中，仅靠教师的组织和保护与帮助是不够的，还必须加强体育骨干的培养，充分地发挥他们在课堂上的助手作用。

六、加强医务监督

教师除注意观察、了解学生的身体状况外，还应随时与校医加强联系，密切配合，及时了解和掌握学生的身体健康发展状况。

七、健全检查制度

场地器材设备是体操教学顺利进行的重要保证。器材布置是否合理，安装是否牢固、得当，管理人员都应经常检查，并随时进行调试。特别是使用前，教师要仔细、严格、认真地进行检查。

主要参考文献

[1] 体操大辞典编写委员会. 体操大辞典[M]. 北京：人民体育出版社，1979.
[2] 体操教材编写组. 体操[M]. 北京：高等教育出版社，1987.
[3] 邬显德，倪志明. 队列队形练习[M]. 浙江：浙江教育出版社，1993.
[4] 柳光植，李德孝. 体操[M]. 北京：高等教育出版社，1995.
[5] 全国体育学院教材委员会. 体操[M]. 北京：人民体育出版社，1996.
[6] 孟宪林. 体操[M]. 桂林：广西师范大学出版社，1995.
[7] 全国体育学院教材委员会. 体操[M]. 北京：人民体育出版社，1999.
[8] 黄燊，梁慈民，周亚琴. 体操[M]. 桂林：广西师范大学出版社，2000.
[9] 王伯华. 基本体操[M]. 杭州：浙江大学出版社，2004.
[10] 童昭岗. 体操[M]. 北京：高等教育出版社，2005.
[11] 童昭岗. 体操[M]. 第二版. 北京：高等教育出版社，2010.
[12] 冯瑞，邵斌. 体操[M]. 杭州：浙江大学出版社，2013.
[13] 张涵劲. 体操[M]. 第三版. 北京：高等教育出版社，2015.
[14] 韩宏飞. 现代体操教学理论与方法[M]. 北京：北京体育大学出版社，2001.
[15] 中华人民共和国中央军事委员会. 中国人民解放军队列条令[M]. 北京：军事科学出版社，2010.
[16] 卢义锦. 人体解剖学[M]. 北京：高等教育出版社，2001.
[17] 体育学院教材委员会. 运动生理学[M]. 北京：人民体育出版社，2002.
[18] 樊临虎. 体育教学论[M]. 北京：人民体育出版社，2002.
[19] 柳克奇. 体操教学与训练方法[M]. 长沙：湖南大学出版社，2004.
[20] 全国体育院校教材委员会. 运动训练学[M]. 北京：人民体育出版社，2000.
[21] 韦广忠. 基本体操理论教学与实践[M]. 武汉：武汉大学出版社，2006.
[22] 吴维铭. 中国学校体操历史与发展研究[M]. 北京：北京体育大学出版社，2007.
[23] 国家体育总局. 第九套广播体操手册[M]. 北京：人民体育出版社，2011.
[24] 吴润平. “体操”词义刍议[J]. 成都体育学院学报. 1995，(1)：45－47.